RHABANUS HAACKE

BEITRÄGE ZUR MARIENKUNDE

1988

RESPUBLICA-VERLAG SIEGBURG

CIP-Titelaufnahme der Deutschen Bibliothek

Haacke, Rhaban:
Beiträge zur Marienkunde / Rhabanus Haacke. – Siegburg: Respublica-Verlag, 1988
(Siegburger Studien; 21)
ISBN 3-87710-136-4
NE: Haacke, Rhaban: [Sammlung]; GT

Gedruckt mit Unterstützung des Erzbistums Köln

Druck: Franz Schmitt, Siegburg
ISBN 3-87710-136-4

SIEGBURGER STUDIEN

XXI

RESPUBLICA-VERLAG SIEGBURG

DER PRÄSIDENTIN DER GUSTAV-SIEWERTH-AKADEMIE
FRAU PROF. DR. ALMA VON STOCKHAUSEN
ZUM 60. GEBURTSTAG,
ZUM DANK FÜR IHR HOHES INTERESSE
AN ALLEN IN DIESEM HEFT
ANGESPROCHENEN GABEN UND AUFGABEN
- FÜR IHRE GASTFREUNDSCHAFT -
FÜR VIELE GESPRÄCHE
UND FÜR DEN TÄGLICHEN ROSENKRANZ.

INHALTSVERZEICHNIS

VORWORT

„Marienkunde" wird im Theologiestudium anschließend an die „Christuskunde" gelehrt – Mariologie gehört zur Christologie, die Folge müßte eine Ausweitung und Vertiefung der Christuslehre sein, ist aber nur zu oft eine Vernachlässigung gewesen. Wenn nun ein Klassiker der Marienkunde, seit fast 400 Jahren vergessen, den modernen Menschen vorgestellt und dem Studium empfohlen werden soll, bedarf es einer umfassenden Rechtfertigung. Zunächst sollte diese dem 1. Band der geplanten zehnbändigen Übersetzung vorgeschickt werden, doch war sie recht umfangreich geraten, zumal der bekannte Mariologe André Feuillet – Saint Sulpice in Paris – gern die Erlaubnis gab, seinen Artikel über die Prophetie Mariens im Hohenlied und deren Erfüllung in der „Frau mit der Sonne bekleidet" in der Geheimen Offenbarung zu übersetzen und als Argument modernster Wissenschaft abzudrucken. Da erwies sich als glücklicher Ausweg, daß ein eigenes Heft der „Siegburger Studien" gestaltet und der 1. Band des De Ponte-Kommentars entlastet werden konnte. Zugleich gewinnen der lateinische Reprint und das Werk der erstmaligen deutschen Übersetzung eine besondere Wertung und Empfehlung. Gern wurde die weitere Möglichkeit wahrgenommen, das Referat über Joseph Kleutgen als Mariologen der Neuscholastik, gehalten auf dem Mariologischen Kongreß zu Kevelaer im September 1987, zu veröffentlichen und ein Wort zu Ehren der „Siegburger Madonna" hinzuzufügen.

Rhaban Haacke

LUDWIG DE PONTE

KOMMENTAR ZUM HOHENLIED

übersetzt und herausgegeben
von Hans Becker und Rhaban Haacke

Den Anstoß zur Beschäftigung mit dem Hauptwerk des berühmten spanischen Theologen und Jesuiten Luis de La Puente (gewöhnlich latinisiert *de Ponte*), 1554–1624, gab eine Fußnote, die der große deutsche Theologe Joseph Scheeben bei der Erwähnung dieses Werkes seinem vielgelesenen Buch „Mysterien des Christentums" angefügt hatte. Scheeben (1835–1887) lobte: „... ein Werk, überreich an den tiefsten und zartesten theologischen Ideen, unstreitig eines der besten, die je über das Hohelied und die erhabenen Geheimnisse der mystischen Theologie geschrieben wurden. Obgleich weit weniger bekannt als die berühmten „Betrachtungen", dieselben an Gehalt und Schönheit noch weit übertreffend ... – Die ganze Innigkeit und Tiefe, verbunden mit der klarsten, gediegensten und reichsten theologischen Erkenntnis, ... die Blütezeit der spanischen Theologie, welche mit der Blüte der gesamten Literatur in Spanien zusammenfiel, findet sich hier vereint" (Mysterien des Christentums, 1865, Nachdruck 1941, S. 138). Scheeben wiederholt seine Superlative in „Dogmatik" 1 § 59 n. 1086: „Für die Dogmatik sind (in dieser Blütezeit 1570–1660) außer Salmeron am wichtigsten Pereyra und Bonfrère zur Genesis; Lud. da Ponte zum hohen Lied ...", und n. 1096: „Mystische Theologen ... sehr viele, die allgemeiner bekannt zu werden verdienen. Hierher gehören u. a. der Dominikaner Ludwig von Granada, der Jesuit Ludwig de Ponte (in seinem großartigen Kommentar zum Hohen Lied), Eusebius Nieremberg ... Kard. Berulle ... der hl. Franz von Sales."

Niemand, der auch nur ein wenig Scheeben gelesen hat, wird ihn der Lobhudelei bezichtigen oder fragen, ob er denn überhaupt das Werk gesehen habe. Nun fand sich ein Exemplar aus seinem Nachlaß in der Kölner Diözesanbibliothek, von seiner Hand mit manchen Strichen am Rand versehen, wie mir der Scheebenforscher Prof. Heribert Schauf bestätigte. Vielleicht war es derselbe Band, den Scheeben 1859 im Bericht über seine Heimkehr vom römischen Studium erwähnt: „Den Daponte fand ich gleich wieder bei meinem Onkel, und er hat mir auch beim Predigen schon gute Dienste geleistet." (H. Schauf u. A. Eröß, Hg., M.J. Scheeben, Briefe nach Rom, Freiburg 1939, S. 37); der Onkel war Peter Josef Clemens, seit 1828 Oberpfarrer in Meckenheim, ein Vetter der Mutter, der den Knaben auf die Sekunda des Münstereifeler Progymnasiums vorbereitet hatte, so daß dieser schon nach drei Jahren das Abitur am Kölner Marzellengymnasium bestand, zum Studium nach Rom ins Germanicum ging und dort mit 23 Jahren die Priesterweihe empfing. Der Name De Ponte war damals und ist weithin noch heute jedem Geistlichen bekannt, sind doch seine „Betrachtungen" in acht Sprachen übersetzt worden und haben sie über dreihundert Auflagen erlebt, während sonstige „fromme Bücher" nur kurzlebig in Mode sind, so daß geraten wird einen strengen Maßstab anzulegen, etwa zu fragen, wie gut De Ponte abgeschrieben wurde. Doch vom Hauptwerk, seinem Hoheliedkommentar, erschien nur eine Auflage, gleichzeitig in Köln und Paris 1622, und niemand setzte die Arbeit an einer vorgesehenen neuen Auflage fort, als zwei Jahre später der Schwerkranke über diesen Mühen starb. Obwohl körperlich ganz erschöpft, nur mehr ein Skelett mit Haut überzogen, an die Stuhllehne angebunden, blieb er nämlich ständig am schreiben, und zwar des Nachts, denn die Arbeit, sagte er, erleichtere ihn, weil er dann seine Schmerzen nicht so fühle. 1627 eröffnete der Bischof von Valladolid den Seligsprechungsprozeß, 1714 war die Prüfung der Schriften positiv abgeschlossen, 1759 wurde das Dekret über den heroischen Tugendgrad veröffentlicht, doch dann wurde der Prozeß eingestellt, Opfer der Ungunst der Zeit wie bei vielen anderen. Über Leben und Werk vergl. die sehr gute Darstellung im „Dictionnaire de Spiritualité" 9, 265–276, Paris 1976, unter dem Stichwort *La Puente,* von Miguel Nicolau S.J., Salamanca.
Daß sich für de Ponte kein Nachfolger fand, liegt vielleicht an den Wirren des Dreißigjährigen Krieges, mehr aber an der Masse des Textes, dem gewaltigen Umfang der zwei Foliobände, die ohne Zweifel nicht billig zu haben und herzustellen waren, denen sich ein Bearbeiter nicht leicht

gewachsen fühlen mochte. De Ponte hatte die an Umfang kleinste Schrift des Alten Testamentes zum Gegenstand einer Universaltheologie genommen, der Titel versprach nicht Geringes: *continens de omnibus Christianae Religionis Mysteriis atque virtutibus* = enthaltend Erörterungen aller Mysterien und Tugenden der christlichen Religion, und selbst wenn das Unternehmen einmal geglückt erschien, wer wollte es an den anderen Weisheitsbüchern fortsetzen, die dann mindestens gleich riesigen Umfang erforderten? Übrigens scheint die Wirkungsgeschichte keine beachtliche gewesen zu sein, läßt sich jedenfalls mit der der „Betrachtungen" in keiner Weise vergleichen. Wir finden nur den Hinweis auf die *„Praxis theologiae mysticae"* des Jesuiten Manuel Ignaz de La Reguera (1688–1747), Rom 1740, der etwa 50 Zitate bringt; sonst nennt Nicolau nur das allerdings überraschende Urteil Scheebens in der Form der oben zitierten Fußnote. Diese fiel übrigens auch dem Altmeister der deutschen Mediävisten, Prof. Martin Grabmann, auf, der sie wörtlich in der Scheeben-Festschrift wiederholte, Mainz 1935, S. 104, ohne leider zu näherer Kenntnisnahme anzuregen. Nun wird man annehmen müssen, Grabmann habe den Text nicht gesehen, da es sich herausstellte, daß kaum zwanzig Exemplare in deutschen Bibliotheken erhalten sind.
Ein zu enges Verstehen des Titels *„Expositio moralis"* mag zur Streichung von der Liste der exegetischen Hoheliedkommentare geführt haben, denn unser Werk wird im Literaturverzeichnis mehrerer heutiger Bibelkommentare nicht erwähnt. Unter *moralis* verstand man Moraltraktate oder Sammlungen mystischer Fakten, die nicht allzu ernst genommen werden brauchten. Zur Zeit der spanischen Scholastik aber wurde noch an der Summe und Einheit aller theologischen Disziplinen oder Traktate festgehalten, ihre Spaltung und Abgrenzung vermieden. Erst in unserem Jahrhundert versuchte die Moral aus der Kasuistik herauszukommen, sich als Teil der Dogmatik zu betrachten und sowohl *Consilia* wie auch *Mystica* einzubeziehen. Die Kölner Ausgabe fügte damals in ihren Titel zu *moralis* ein *et mystica* hinzu, was sonst nur in der Zensurformel in der Form *„mystica moraliaque commentaria"* vorkommt. Gewiß sollen sich *moralis* und *mystica* nicht ausschließen, vielmehr soll *mystica* als Ergänzung zu *moralis* gelten, vielleicht sogar als synonym. Dies geben die folgenden Worte des Titels deutlich an: *de omnibus Christianae Religionis Mysteriis atque virtutibus* = über alle Geheimnisse und Tugenden. Das ist also der Gegenstand der „moralischen" als nicht nur der vorauszusetzenden theoretisch-forschenden, sondern vornehmlich der praktisch fordernden Erörterungen über Bereiche aller Mysterien und Tugenden,

deren ganzheitliche Fülle zu wahren gilt, die Fülle aus moralischen wie göttlichen Tugenden, den sieben Gaben des Heiligen Geistes wie der Kontemplation, deren Adjektiv „mystisch" auch nicht eng zu fassen ist. In der Tat begegnen wir der alten, heute weithin verlorenen Einheit von Dogmatik und Morallehre, von Aszese (Tugenden) und Mystik in gleichsam unerschütterlicher und unerschöpflicher Fülle. Die Heilige Schrift zeigt ihren geistlichen Reichtum in oft überraschenden lichtvollen Erkenntnissen ihrer Aussagen und Zusammenhänge, die Schriften der Kirchenväter bewähren sich als immer neu springende Quellen dieser lebendigen Wasser. Auffällig viele griechische Väter kommen zu Wort (vgl. J. Beumer in ZAM 17 (1942) 77-90, bes. 89), von Ps. Dionysius zu den Kappadoziern, aber auch von Augustinus bis zu Bernhard, Richard und Rupert, bis zu den Mystikern Theresia und Johannes vom Kreuz, deren Einfluß merklich, jedoch nicht mit direkten Zitaten belegt ist, während Thomas wie auch Suarez, de Ponte's Lehrer († 1617), oft erwähnt werden. Die Zeitgenossen werden großzügig miteinbezogen: Alfonso Rodriguez, Martin del Rio, Johannes Lorinus, Ludovicus Lipomanus, Pineda, Pereira, Pierius, Ludovicus Legoniensis, Nicolaus von Lyra, Salmeron, Toledo – alle werden positiv zitiert und vereinnahmt, liefern für die betreffende Erörterung den gewichtigen Beweis der Tradition, spiegeln gleichsam wider das ausgebreitete Wissen des Autors und eine Belesenheit, die nicht aus Katenen oder Computern oder sonstigen zweiten Quellen, sondern aus lebendiger Vertrautheit mit den klassischen Schätzen der Vorzeit selbst stammt.

Heute wie damals wird der Leser nicht nach neuen exegetischen Ermittlungen fragen – diese werden erst bei bemühter Lektüre gleichsam von selbst wahrgenommen –, wohl aber darf er sofort wissen, welche Bedeutung der Braut im Hohenlied zukommt als Verheißung – gemäß dem typischen Sinn – der Gestalt Mariens als der Gestalt der Kirche des Neuen Bundes. C. A. Kneller hat folgende Thesen bei de Ponte gefunden (ZAM 14 (1939) 185–202):

Maria erhielt mehr Gnaden als alle Engel und Menschen zusammen.
Christus gab ihr alle Gaben, die er anderen Heiligen im einzelnen zugeteilt hatte, für sie in eins verbunden.
In ihr, der Einen, sind die Gnaden und Tugenden aller enthalten, aber in unglaublicher Steigerung.
Nicht erst im Augenblick, als sie Mutter wurde, sondern schon in ihrer Empfängnis ist ihr die ganze Gnadenfülle zuteil geworden. Der barmherzige Gott beschloß von Ewigkeit

her, in den Willen Adams, wenn dieser sündigen würde, alle Nachkommen einzubeziehen außer der hl. Jungfrau, und diese hätte dann gesündigt, wenn sie nicht aufgrund der Verdienste Christi ausgenommen gewesen wäre – was genügt, daß sie Erlöste genannt werden kann.
Der Sohn, das wahre Licht, das alle Menschen, die zur Welt kommen, erleuchtet, geht dann im Gebrauch seiner Vernunft in die Welt ein wie ein Mensch, erleuchtend mit seinem Licht die hl. Jungfrau, daß sie im selben Augenblick, wo sie die Welt betritt, das Licht der Gnade empfängt und den Spender erkennt. Kneller nennt die Stellen: Alvarezbiographie c. 26; Cant. 3, exh. 18; 1 exh. 11 n. 5; 1 exh. 20 n. 3.

Der riesige Umfang aller Erörterungen zusammen, für die De Ponte sich Vers für Vers des kleinsten Teiles des Alten Testamentes zum Anlaß genommen hatte, mußte zum Problem werden, sobald die Exegeten begannen, die religiöse Bedeutung des Hohenliedes zu leugnen, da sie es nur mehr als zufällige Sammlung von Liebesliedern folkloristischer Art ansahen, die nur verlangten nach dem Literalsinn erforscht zu werden. Noch peinlicher mutet die Auffassung an, der Text sei zwar inspiriert, also als Wort Gottes zu achten, aber es gebe keine inneren Gründe, ihn als inspirierten integrierenden Teil der Hl. Schrift anzusehen, oder noch peinlicher, wenn gemeint wird, zur Inspiration genüge, daß die bräutliche Liebe, von der ja die Rede sei, irgendwie als Planung Gottes zu glauben sei. Wenig fragt man dann noch nach dem moralischen, allegorischen oder typischen Sinn und meint, die Erforschung des Literalsinnes wecke kein Bedürfnis, den spirituellen Sinn ernst zu nehmen. Unser Reprint und die Übersetzungsarbeit hätten sich also einer völlig unmodernen Problematik verschrieben, es sei denn, man erkennt uns die Rettung eines klassischen Werkes an, dessen reizvolles Latein und ungewöhnliche Gelehrsamkeit einen Reprint im Vergleich zu anderen fraglos verdienen! Natürlich genügt es uns nicht, mit dem Nachdruck nur die Gelegenheit gegeben zu haben, das Werk De Pontes im Literalsinn zu erforschen. Im übrigen wollen wir das Bedürfnis für Reprint eines Klassikers nicht gering schätzen. Wir sagten schon, daß von der Kölner Ausgabe in deutschen Bibliotheken kaum zwanzig Exemplare erhalten sind, von der Pariser bisher nur drei. Es ist nicht anzunehmen, daß diese geringe Zahl sich erhöht, denn es werden nur einzelne Exemplare auftauchen. Fast alle noch vorhandenen Exemplare weisen die ehrwürdigen, aber die heutigen Leser abstoßenden und ein Studium erschwerenden Alterserscheinungen auf: Vergilbung und Wurmfraß, kaum korrigierbare Lagenauslassung oder -vertauschung. Das berechtigt den Reprint durchaus.
Die deutsche Übersetzung wird all denen eine Hilfe sein, die Latein nicht gelernt haben, auf die Inhaltsvermittlung aber einen Anspruch haben.

Bekanntlich ist die Lateinkenntnis in unseren Tagen derart geschrumpft, daß der Bedarf für den Reprint sehr klein, für die Übersetzung aber sehr groß sein müßte. Darf man auf Einsicht hoffen, daß man jeden Anlaß, wieder Latein zu lernen, begrüßen muß? Seitdem das Brevier und seine Lesungen aus den Kirchenvätern nicht mehr lateinisch gebetet werden, hat man diese Sprache und die bisherige Vertrautheit, ohne Angst oder Lexikon jedweden lateinischen Text anzugehen, katastrophal eingebüßt. Aber wie schwer, wie fast unmöglich ist es, ohne Lateinkenntnis Theologie zu studieren? Sogar unsere Fußnoten setzen die Kenntnis vom Zugang zu den lateinischen Werken der Kirchenväter und zum Text der Vulgata voraus; noch verlangt man nicht von uns, die jeweilige deutsche Übersetzung von Augustinus oder Thomas anzugeben oder jeweils zu erklären, warum nicht eine moderne Bibelübersetzung statt der wörtlichen Vulgataübersetzung genommen wurde. Die Fußnoten werden um der leichteren Lesbarkeit des Textes an den Schluß des jeweiligen Buches gesetzt. Man kann ihnen nicht ansehen, daß der für sie verantwortliche Drucker oder Sekretär des Autors, der sie oft sehr flüchtig an den Rand gesetzt hatte – wahrscheinlich nicht De Ponte selbst, uns viel Korrekturarbeit gemacht hat. Doch meinen wir, mit der exakten Angabe der neuesten Ausgaben der Belege – auch wenn es lateinische Texte sind – der Weiterforschung einen guten Dienst erwiesen zu haben. Gern möchten wir dazu anregen, zumal wir aus sicherer Erfahrung sagen können, das Übersetzen hat uns Freude gebracht, hat zu rechtem und tieferem Verstehen geführt. Der großartige Inhalt läßt uns an der oft umständlichen und wahrlich nicht leichten Arbeit festhalten: *opus grande est, descendere non possumus!* Hoffen wir, Zeit und Muße zur Weiterarbeit und Vollendung der folgenden Bände zu finden!

Wenn wir für eine Weiterforschung oder intensive Bearbeitung auch nur unzulängliche Hinweise geben können, so möchten wir doch nicht unterlassen, an einem Beispiel vor Augen zu führen, was unter Weiterforschung und intensiver Bearbeitung verstanden werden muß. Es gilt den exegetischen und theologischen Wissensstand vom Hohenlied 1622 und den heutigen in Verbindung zu bringen, die damaligen guten Ergebnisse nicht zu verlieren und das etwaige Defizit aufzuholen. Als ein solches Beispiel hat uns der in Frankreich heute führende Exeget, der Sulpizianer André Feuillet, Mitglied der Päpstlichen Römischen Akademie der Theologie, Honorarprofessor am Institut Catholique von Paris seinen Aufsatz über das Hohelied und dessen Echo in der Geheimen Offenbarung, erschienen 1984 in „Nova et Vetera", Genf, zur Verfügung gestellt. Wir fügen die von uns erstellte Übersetzung hier ein und danken dem Verfasser für die Erlaubnis der Wiedergabe, auch im Namen unserer Leser, die hier eine sehr willkommene und starke Motivation erhalten, die zum Studium des Hohenliedes gemäß dem heutigen wissenschaftlichen Stand der exegetisch-theologischen Forschung anleitet.

TABULA GRATULATORIA

Huius operis editionem Coloniensem primam, quae Parisinam imitata eodem post Christum natum anno millesimo sescentesimo vicesimo altero in lucem prodiit, *Joannes Kinckius,* typographus ille et bibliopola, patrum Societatis Jesu amicus, qui decem et septem annis ante officinam et mercaturam familiae Gymnicae ‚sub Monocerote' susceperat, magistro supremo Ferdinandi, archiepiscopi et electoris Coloniensis, dedicavit.

Franciscus Guilhelmus, comes Wartemburgicus, princeps Bavariae serenissimus, collegii Germanici et Hungarici de urbe olim alumnus, summus senatus et aulae praefectus, ecclesiae Ratisbonensis cathedralis praepositus, mox archidiaconus Bonnensis et episcopus Ratisbonensis et Osnabrugensis factus, anno millesimo sescentesimo duodequinquagesimo, quo bellum triginta annorum compositum est, Catholicorum dux, denique Sanctae Romanae Ecclesiae Cardinalis, inter celeberrimos episcopos Osnabrugenses et Ratisbonenses numeratur.

Itaque haec rëimpressio, quam vocant, Wartemburgi illius successoribus hodiernis dedicetur, *Rudolfum* dico *Graber,* episcopum Ratisbonensem, et *Helmut Hermannum Wittler,* episcopum Osnabrugensem, quorum alter octoginta annos complevit, alter septuaginta.

Hi strenuissimi, ut omnes sciunt, honorem Beatae Mariae Virginis contra huius temporis impietatem protexerunt et defensitarunt.

Iis igitur de meritis gaudentes ex animi sententia gratulantur, qui tabulis emptionis subscripserunt.

Dr. Maria Lodovica Arduini, Mailand · Rosemarie Aurora, Berlin 26 · Hans Becker, Oberdollendorf · Theo Belmans OPraem, Speinshart · Dekan H. J. Bösl, Aufhausen · Abt Albert Brettner OSB, Augsburg · Antonie Bryde, Hamburg · Dr. J. A. Cervelló-Margalef, Köln · Abt Eligius Dekkers OSB Steenbrugge · Dr. U. Dobhan OCD, München · Domkapitular K. Ernst, Passau · Domkapitular Dr. F. Fahr, Freising · Prälat Prof. Dr. Gerhard Fittkau, Essen · Msgr. Dr. D. Froitzheim, Leverkusen · Hans Gasper, Köln · Dr. H. Große Schönepauck, Bonn · Weihbischof Dr. V. Guggenberger, Regensburg · Dietrich Hagemann, Lüdinghausen · Dr. Reinold Hagen, Holzlar · Dr. J. E. Halberkann, Dudeldorf · Dr. Nikolaus Henz, Krefeld · Wolfgang Th. Herrwerth, Mannheim · Prälat Dr. Kurt Hiss, Düsseldorf · Kard. Erzb. Dr. Joseph Höffner, Köln · Abt Anselm Hoste, Steenbrugge · Abtpräses Denis Huerre OSB, Rom · Dr. Pirmin Hugger OSB, Münsterschwarzach · Pfarrer A. Kalkert, Osberghausen · Dr. Ägid Kolb OSB, Ottobeuren · Abt Bernhard Lambert OSB, Scheyern · Prof. Dr. A. Laun, Wien · Georg Lingenbrink, Hamburg · Hubert Meisterernst, Elmshorn · Abt Placidus Mittler OSB, Siegburg · M. Robert Moore, New York · P. G. Mura, Zaitzkofen · Dr. A. Neupert, Uetersen · Prälat Dr. J. Norda, Münster · Prälat Prof. Dr. Joh. Overath, Köln · Prälat Dr. Antonio Piolanti, Vatikan · Prof. Dr. Helmut Riedlinger, Freiburg · Dr. Willibald Röhrl, Siegen · Pfarrer Dr. J. Ruggle, Wolfertswil · Prior Gaudentius Sauermann OSB, Nütschau · Prof. Dr. Heribert Schauf, Aachen · Dr. Josef Schmitz SVD, St. Augustin · Rudolf Michael Schmitz, Siegburg · Erzbischof Dr. Joseph Schneider, Bamberg · Prälat Wilhelm Schönartz, Köln · Prof. Dr. H. Schröder, Hangelar · Dr. R. Schwarz, Rehling · Pfarrer Schwenold, Altötting · Dr. Hermann Seiler SJ, Uppsala · Pfarrer Joh. Stiech, Rosbach · Dr. Carl Sträter SJ, Regensburg · Dr. A. Treiber, Regensburg · Albert Weber, Göppingen · Johannes Wild SJ, Trimbach · Pfarrer J. v. Zieglauer, Mühlbach.

Aachen: Augustinus-Buchhandlung · Augsburg: Bücher-Seitz · St. Augustin: Missionspriesterseminar SVD · Bologna: Istituto per le Science Relig. · Cambridge USA: Weston School of Teology · Egmond: Adelbertsabdij OSB · Eichstätt: Buchhandlung Sporer · Essen: Buchhandlung Herder · Eindhoven: Boekhandel Het Hooghuis · Florenz: Convento S. Marco · Freiburg: Buchhandlung Herder · Fribourg: Books Import Export · Hamburg: Libri-Haus · Herrliberg: Verlag für Wissenschaft u. Technik · Herstelle: Abtei vom Hl. Kreuz · Innsbruck: Bibliothek des Jesuitenkollegs · Köln: Erzbisch. Diözesan- u. Dombibliothek · Mailand: Facolta Teologica Italiana · München: Abtei St. Bonifaz, Provinzialat der Karmeliten, Franziskanerkloster St. Anna · Meschede: Buchhandlung Wullenweber · New York: Abbey of The Genesee · Oosterhout: Sint Paulusabdij · Passau: Buchhandel Veritas-Neuefeind · Pontaserchio-Pisa: Biblioteca Custos Verbi · Regensburg: Schriftleitung „Bote von Fatima“, Dombuchhandlung · Remscheid: Missionsbuchhandlung St. Paulus · Rom: Libereria Leoniana, Ateneo Salesiano · Saint-Léger-Vauban: Abbaye de la Pierre-qui-Vire · Tholey: St. Mauritiusabtei · Tübingen: Buchhandlung Gastl · Washington: The Catholic University of America Libraries · Wiesbaden: Buchhandlung O. Hassarowitz · Zaitskofen: Bibliothek des Priesterseminars · Zürich: Buchhandlung Dr. Hansjakob von Matt.

In Assumptione Beatae Mariae Virginis a. p. Chr. n. 1983 hoc opus grande reimprimendi et in linguam Germanicam vertendi initiatum est – in monte Sancti Michaelis sigebergensi: Rhaban Haacke, Hans Becker, Werner Schmitt.

Oleum effusum nomen tuum. Cant. 4.

B. IGNATIVS LOYOLA

B. FRANCISCVS XAVERIVS

Dilectus meus candidus et rubicundus, electus ex millibus. Cant. 5.

Tota pulchra es amica mea, et macula non est in te. Cant. 4.

IHS

EXPOSITIO
MORALIS
IN
CANTICVM
CANTICORVM,
EXHORTATIONES CONTINENS
de omnibus Christianæ Religionis
Mysteriis atque virtutibus.

IN DVOS TOMOS DISTRIBVTA.

Auctore P. LVDOVICO DE PONTE
Vallisoletano, è Societate IESV
Theologiæ Professore.

Cum Approbationibus & Privilegiis Cæsareæ
Majest. Regumq; Christianiss. & Cathol.

B. ALOYSIVS GONZAGA.

PARISIIS,
Sumptibus DIONYSII
DE LA NOÜE, viâ Iacobæâ, sub
signo nominis IESV.
M. DC. XXII.

B. STANISLAVS KOSTKA.

Ideo adolescentulæ dilexerunt te. Cant. 1.

L. Gaultier incidit. M.DC.XXII.

BESCHREIBUNG DES ERSTDRUCKES VON 1622

Der Kölner Ausgabe, von der die Kölner Diözesanbibliothek ein Exemplar besitzt, das noch den handschriftlichen Eigentumsvermerk der Kölner Kreuzherren trägt, sind die üblichen Erlaubnisse und Privilegien vorgedruckt. Demnach gewährte Philipp IV., der „Katholische König der Spanier", am 27. April 1621 die Drucklizenz an Ludwig de Ponte *Vallisoleto e Societate Jesu,* signiert von Petrus de Contreras. De Ponte seinerseits konzedierte *Joanni Kinckio Bibliopoli Coloniensi* die Ausgabe „für Germanien" 1622. Johann Kinckius aus Heinsberg, Lehrling im Gymnichschen Geschäft, heiratete 1605 Elisabeth Gymnich und übernahm den Laden, d. h. die seit 1516 von Johann Gymnicus gegründete Druckerei und Buchhandlung, Nr. 13 und 15 in der heute noch existierenden Straße „Unter Fettenhennen" *(sub pingui gallina).* Wo heute das Gebäude des WDR steht, unterhalb der Westseite des Domes, wohnten über 350 Jahre die Familien dieser Drucker. Johann Kinckius, von Kaiser Ferdinand geadelt, von der Ritterschaft Windeck als Ratsherr in den Kölner Senat entsandt, zum Stimm-Meister erhoben, Kirchmeister von St. Maria im Pesch, Freund des Pfarrers Jakob Merlo-Horstius, dessen *Paradisus animae christianae* er 1630 druckte, gab über 560 Druckwerke heraus, unter welchen die fünf Bände *Opera Bernardi* 1641 besondere Erwähnung verdienen. Er starb 1656 77jährig, hochgeachtet. Viele seiner Bücher sind Nachdrucke aus dem Ausland, das war nicht etwas Ungewöhnliches. Die Kölner Drucker fanden unter den damaligen buchhändlerischen Verhältnissen nichts Unerlaubtes oder nur in etwa Anstößiges dabei, ausländische Bücher, die einen guten Absatz in Aussicht stellten, neu aufzulegen, wobei sie denn, selbst bei bedeutend mäßigerer Preisstellung um so mehr ihre gute Rechnung fanden, als sie des Honorars an die Autoren enthoben blieben.

Die damals in Köln sehr aktiven Jesuiten hatten den Kinckius für die Herausgabe ihrer Bücher gewonnen und ihn dafür privilegiert; ihre Chronik berichtet: *„vir societatis nostrae studiosissimus ac bene de ea plurimis modis meritus ... hic quotidie non cessat in nos esse munificus suorum librorum quos excudit unum donando* – also an die Jesuitenbibliothek. Unter dem

10. Januar 1622 erlangte Kinckius das kaiserliche Privileg für den De Ponte-Druck: auf zehn Jahre wurde jede Konkurrenz verboten, mindestens drei Exemplare waren der kaiserlichen Aula zuzusenden. Wir erfahren aus diesem Dokument weiter, daß Kinckius auch die anderen Schriften De Pontes in Druck herausgebracht hatte: *Meditationes, Dux spiritualis, De perfectione hominis christiani* und *Vita Baltasari Alvaresii.* Oft ist diesen Büchern das Familienwappen zum Titel eingedruckt: Einhorn und Justitia, Schriftband: *in sanctitate et iustitia coram ipso* (= Lk 1,75) und gewöhnlich lautet die Unterschrift: *apud Ioannem Kinckium Bibliopolam sub monocerote.* (Vgl. J. J. Merlo in: Annalen des Historischen Vereins für den Niederrhein 30 (1876) 1–16; ferner: Bibliophilen-Gesellschaft in Köln 105. Teestunde. Alte Kölner Druckzeichen. Neue Folge, 5. Blatt, beschrieben von Prof. Dr. Rudolf Juchhoff und Hanns Th. Schmitz-Otto). Der Censor Abt Antonius Perez von St. Martin in Madrid, ehemals Generalabt der spanischen Benediktinerkongregation, fand bemerkenswerte, das Werk und den Verfasser lobende Worte: ... *pius eruditusque P. Ludovicus ... autor ut vere pons, verum ad aethereas sedes supra scripturarum globos et quidem impermeabiles aditum praemunivit;* sich selbst bezeichnet er als *mirator operis et opificis cultor ex multis abhinc annis cognitor.*

Während die Pariser Ausgabe keiner Persönlichkeit gewidmet ist, wird in der Kölner die Widmung besonders hervorgehoben und vornehm formuliert; sie wird dem noch nicht 30jährigen Prinzen von Bayern Franz Wilhelm von Wartenberg angetragen. Dieser Sproß einer morganatischen Ehe des Bayernherzogs ist 1622 Dompropst von Regensburg, Präfekt des Hofes und Senates beim Kölner Kurfürsten, hatte in Rom im Germanicum Theologie, vor allem Kirchenrecht studiert, die Priesterweihe empfangen und wird bald nach 1622 aufsteigen als Archidiakon von Bonn und Bischof von Regensburg und Osnabrück. Franz Wilhelm (1593–1661) war bei den Verhandlungen, die in Münster und Osnabrück zum Westfälischen Frieden führten, energischer Anführer der katholischen Partei und Retter der norddeutschen Diözesen, in treuer Zusammenarbeit mit dem päpstlichen Nuntius Chigi, der später als Papst ihn mit dem Kardinalat belohnte. Es erscheint durchaus möglich, daß mit der Widmung an den vielversprechenden prominenten Jesuitenzögling politische Absichten verbunden waren. Franz Wilhelm zählt zu den bedeutendsten Bischöfen sowohl von Osnabrück wie von Regensburg. Diese Widmung, schien uns, hatte einen Reprint verdient, gewissermaßen eine Fortsetzung, und die Nachfolger des Wartenbergers, Bischof

Rudolf Graber von Regensburg und Bischof Helmut Hermann Wittler von Osnabrück, nahmen die neuerliche Widmung freundlich an – zum 80. bzw. 70. Geburtstag. Bischof Graber antwortete: „Es wird Sie interessieren zu erfahren, daß ich dieses Werk von De Ponte selbst schon benutzt habe... auch ich hatte einen außerordenlich guten Eindruck von dieser tiefen mystischen Schrift... ungemein verdienstvoll, daß gegenüber den heutigen exegetischen mehr philologischen Darlegungen... nun wieder ein großes mystisches Werk veröffentlicht wird." Und Bischof Wittler: „Immer mehr erkenne ich, welche Schätze wir in der theologischen und spirituellen Literatur unserer Vorväter finden. Aus ihren Quellen zu trinken ist mehr als aus trüben und dünnen Rinnsalen unserer Zeit Wasser zu schöpfen."
Aus der *Epistola dedicatoria* des Kinckius, deren Latein zeitgemäß schwülstig anmutet, bringen wir nur die anpreisende Kennzeichnung des Werkes, die wohl Kinckius selbst verfaßt hat: *„Ecce de amore tractatio, qui se occupat uritque summa salubri heroicum illud tuum pectus. De amore, inquam, illius enim hic mutui sermones, diverbia, cantica, suspiria, gemitus, ignes explicantur, suavissimum poema Salomonis, sponsi sponsaeque, Dei et animae, Patris et Mariae, Christi et Ecclesiae dialogismi. Suavissimum poema sed obscurissimum illud illuminat magnus amator Dei quam et doctus P. Ludovicus de Ponte, ille tam celebris hactenus in schola mysticae theologiae. Hanc ego nunc tanti viri lucubrationem subigens meis typis Germaniae nostrae primus offero et ad tuas defero manus.*
Wir unterlassen die volle Wiedergabe dieser *Epistola dedicatoria* auch aus einem anderen Grund. Wir haben als Vorlage für den Reprint nicht die Kölner sondern die Pariser Ausgabe genommen, in letzterer fehlt die Widmung. Keines der etwa zwanzig Exemplare des Kölner Druckes wurde von den Besitzern zum Reprint freigegeben, teils weil jeweils durch Wurmfraß oder Vergilbung zu sehr beschädigt, teils weil im Einband der Zeit so fest gebunden, daß ohne Zerstörung dieses oft wertvollen Einbandes ein Nachdruck technisch nicht möglich war. Wir erhielten den guten Rat aus Wolfenbüttel: „Suchen Sie über die Fernleihe weitere Bände! Und wenn die Ihnen bekannten Exemplare zu beschädigt sind, wäre das doch die gute Gelegenheit, sie anläßlich der Faksimilierung zu restaurieren!" Dieser Rat traf zusammen mit einem anderen, der auf die alte Bibliothek der Abtei Werden aufmerksam machte. Der Bibliothekar der Abtei Gerleve hatte die Überreste katalogisiert, teilte mit, der gesuchte Kodex sei nicht darunter gewesen, konnte aber melden, seine Gerleveer Abteibibliothek sei im glücklichen Besitze des Exemplars der

Pariser Ausgabe, dessen Einband so stark gelitten hätte, daß die Lagen zum Reprintieren plan auseinandergenommen werden könnten. Gleichzeitig berichtete der Bibliothekar der Jesuiten von Chantilly, der Pariser Druck sei sehr selten, er fehle in der Pariser Nationalbibliothek und wäre nur in den Katalogen von Amiens und Bordeaux verzeichnet. Der Kodex aus Gerleve aber gefiel uns auf den ersten Blick, er stellte sich gegen den Kölner als der bessere heraus, sowohl wegen des in die Augen fallenden Kupferstiches als wegen des allgemein schöneren Drucksatzes und der bald festgestellten größeren Exaktheit der Randnoten. Die Unterschiede der Titelblätter reichen vielleicht nicht aus, um die Abhängigkeit des einen von dem anderen Druck zu bestimmen. Die Pariser Edition bringt zuerst den Titel und dann den Namen des Autors, die Kölner umgekehrt lautet: *R. P. Ludovici de Ponte e societate Jesu sacrae theologiae professoris,* dagegen die Pariser: *auctore P. Ludovico de Ponte Vallisoletano e societate Iesu sacrae theologiae professore.* Zum Titel hatte die Kölner Ausgabe *„et mystica"* hinzugefügt, wie wir schon sagten, schreibt nicht wie die Pariser *„exhortationes continens"* sondern: *continens exhortationes sive sermones,* und fügt der Mitteilung in beiden Ausgaben *in duos tomos distributa* hinzu: *addito concionum indice copioso pro Dominicis, feriis et festis totius anni,* was in der Pariser Ausgabe nicht gesagt wird. Verständlicherweise sind die Formeln für die Zensuren verschieden: *Cum approbat. et Privilegio S. Caes. Maiest. speciali ad decennium* (Köln), *Cum approbationibus et Priuilegiis Caesareae Majest. Regumque Christianiss. et Cathol* (Paris). Während auf der Pariser Titelseite Druck und Verlag genannt werden: *Parisiis, Sumptibus Dionysii de la Noüe, via Iacobaea, sub signo nominis Iesu. MDCXXII* und der Kupferstecher sich unterschreibt: *L. Gaultier incidit MDCXXII,* fehlt das schöne Druckerzeichen des Kinckius und ist ersetzt worden durch ein wesentlich gröberes, das IHS überragt von einem Kreuzbild, unterhalb die drei Nägel vom Kreuz, das Ganze vor der Sonnenscheibe umkränzt mit Sonnenstrahlen, in den Ecken der quadratischen Kartusche die vier Evangelistensymbole, darunter schließlich unauffällig: *Coloniae Agrippinae apud Ioannem Kinckium Bibliopolam sub Monocerote MDCXXII.*

Als stärkstes Argument für den Primat und die Priorität der Pariser über die Kölner Ausgabe möchte der Unterschied zu bewerten sein, der bei den Randnoten auffällt. Dabei kann man von den zahllosen Druckfehlern absehen, die auf das Konto wohl nicht des Verfassers, aber wahrscheinlich seines Sekretärs oder Druckers gehen. Es sind die Verkürzungen dieser Noten in der Kölner Handschrift, die vermuten lassen, sie sind nicht original, sondern entstanden, als sie von der Pariser übernommen wurden. Hier können wir nur eine Probe mitteilen, die aus sich gewiß nicht voll beweiskräftig ist, jedoch zur Annahme der einfachen Lösung einlädt, daß nämlich die Kölner der Pariser Ausgabe nachgedruckt wurde. Die Spalten 266–294 (Paris) entsprechen des Spalten 265–292 (Köln). Von den folgenden Randnoten kommen einige mehrmals vor: *1.p.q.60 art.5=1pq 60.a.5; anim.=ani; Levit. 6 v. 12=Leu. 8 v. 12; Cat 8 v. 6=Can 8 v. 6; Cant 4=Can. 4; thren.=thre; Genes.=Gen; Matth.= Matt; Lucae=Luc; Ps 28 v. 6=Ps 82 v. 6; diuin.=diu; Ecclesiast.=Eccl.; Ioan=Ioh; Grego=Greg.; Ad Colos.=Ad Col.; Ps 44 v. 4=(fehlt); Oseae = Ose; Isai=Isa.*

Daß das sehr schöne Titelbild nicht in beiden Ausgaben zu sehen ist, erklärt sich am leichtesten daraus, daß Kinckius den Druckstock nicht zur Verfügung hatte, also technisch nicht in der Lage war, einen Raubdruck herzustellen.

Nach all dem mag es erlaubt sein, die Pariser Ausgabe als die ursprüngliche anzusehen und damit die Bibliographien zu korrigieren, auf deren gegenteilige Meinung uns der Direktor der Kölner Diözesanbibliothek, Prälat Wilhelm Schönartz, hinwies. Der angesehene Ordensbibliograph Carlos Sommervogel führt nämlich in seiner Bibliothèque de la Compagnie de Jésus VI, 1290–1291, Brüssel-Paris 1895, den Kölner Druck zuerst auf, gibt ihm anscheinend die Priorität, welche Reihenfolge auch die neueste Bibliographie Manual del librero hispanoamericano, von Antonio Palau y Dulcet, Barcelona 1961², S. 264, übernahm. Beide Bibliographen notieren anschließend eine spätere Ausgabe durch Carmoisy, Paris; Sommervogel datiert 1616 (Druckfehler), Palau 1646; von der sich näheres nicht feststellen ließ.

Nunmehr ist des Pariser Druckers zu gedenken. Denis de la Noue übernahm 1606 den Betrieb seines Vaters Guillaume, der u.a. die französische Übersetzung des Lebens Jesu von Ludolph von Sachsen ediert hatte (1582), und galt als sehr tüchtiger, ja bester Buchverleger seiner Zeit, allseits geschätzter Beigeordneter der Bürgerschaft seit 1624, verlegte die schon 1577 gedruckte *Summa sancti Thomae* in zwei Foliobänden, eine Ausgabe, die zu den besseren zählte. Die vielverbreitete als Quartband gedruckte Bibelkonkordanz 1635 hieß einfachhin Concordance de la Noue (vgl. E. Verdet, Histoire du Livre en France, 2, 130, Paris Dentu 1864). Dem jetzigen Direktor der Kölner Diözesanbibliothek, Dr. Juan Antonio Cervelló-Margalef, verdanke ich den Hinweis auf ein Dokument (im Protokoll des Pedro de Torres, 1620, fol. 312) des

Inhalts: Jerónimo de Courbes, Buchhändler, wohnhaft in Madrid, erhält von Dionisio de Lanonne, Franzose, wohnhaft in Paris, die Vollmacht mit Pater Juan de Chavarria, Prokurator der Gesellschaft Jesu, wohnhaft in Madrid, über die Druckrechte für das Buch von Pater Luis de la Puente, Los Cantares, zu verhandeln und abzuschließen. Madrid, den 25. März 1620. Demnach hatte sich der Pariser Verleger wohl als erster um die Druckrechte bemüht.
Wir sagten schon, der schönere Drucksatz verdiene den Vorzug für den Reprint; entsprechend muß der als Titelblatt verwendete Kupferstich gewürdigt werden. Der Konservatorin am Rheinischen Amt für Denkmalpflege, Frau Dr. Irmingard Achter, verdanken wir eine eingehende positive Beurteilung: Der Stecher Léonard Gaultier (oder Golter) aus Mainz (1552–1641), kam jung nach Paris und stieg schnell auf zum Rang des Hofstechers der Könige Henri III. und IV., Louis XIII. und der Maria Medici; sein Stil erinnert an die Niederländer Wierix, zeigt aber mehr Geschmeidigkeit (vgl. E. Bénézit, Dictionnaire ... des Peintres, Paris 1924, 2, 387), also als Porträtist aller hohen Herren seiner Zeit ist er ein berühmter Mann. In der Tat ist die Qualität selbst des verkleinert wiedergegebenen Stiches wirklich überzeugend. Das Blatt erinnert im Aufbau wie auch in einigen Details an Altaraufbauten: im Zentrum statt eines großen Altarblattes der Buchtitel; darüber anstelle des üblichen Rundbildes das Signum des Namens Jesu, beiderseits Jesus und Maria, nicht als reale meschliche Wesen, sondern als Bildhauerwerke, stehend auf Sokkeln vor einer Art Aedicula-Architektur, ganz offensichtlich als Bildhauerwerke konzipiert und auch so gemeint (Abbild des Abbildes Gottes, Distanz schaffend). Die vier Jesuitenheiligen in den Ecken – nur die beiden oberen wurden schon in ebendem Jahr 1622 heiliggesprochen, Aloisius durfte seit 1605 als Seliger angerufen werden, Stanislaus Kostka erhielt aber erst 1670 die Ehre der Altäre; hier wird er mit b(eatus) wie die drei anderen geehrt – wirken dagegen ganz porträthaft; der Stecher hat sich mit Erfolg um Ähnlichkeit bemüht. Die ovalen Medaillons mit den Brustbildern in Kartuschen erinnern stark an die vier Evangelistensymbole (bzw. die vier Wesen im vierten Kapitel der Geheimen Offenbarung, oder die vier von Gregor d. Gr. gepriesenen Sakramente Christi: Geburt, Leiden, Auferstehung und Himmelfahrt, die vier Sakramente oder Mysterien, vgl. die Anfänge der Evangelien) auf den Buchbeschlägen alter Einbände. „Das Ganze", schließt Frau Achter, „ist so herrlich komponiert, in Bild und Schrift, daß es eigenlich keiner Werbung mehr bedürfen sollte. Aber von selbst merken die meisten Leute es eben gar nicht!

Doch statt ‚Altar' ist vielleicht doch der Triumphbogen wie der Konstantins näherliegend?" Wir meinen, beide Vorbilder schließen einander nicht aus.
Ignatius und Franz Xaver tragen Meßgewand, Würdezeichen des Priesters, Aloisius Rochett als Kleriker, Stanislaus den Profeßmantel des Jesuitennovizen. Eine Inschrift, Vers 3 des 1. Kapitels des Hohenliedes, schmückt den oberen Rand „Ausgegossenes Öl dein Name" und wird am unteren Rand fortgesetzt: „Drum flog der Mägdelein Minne dir zu". Die linke obere Inschrift ist auf Jesus bezogen: „Mein Geliebter ist weiß und rot, mein Erwählter bist du!", aus dem 5. Kapitel, 10. Vers. Vielleicht ist gedanklich Vers 15 anzufügen: „Er steht wie auf Säulen von Marmor, in goldenen Sockeln gefügt". Auf Maria zu beziehen ist die Inschrift am Balken ihrer Säulen: „Ganz schön bist du meine Freundin, kein Makel ist an dir!" (Kap. 4 Vers 6). Auf seine Weise hat Leonhard Golter dem Anliegen des Hohenliedes wundersam künstlerisch entsprochen, das auf Christus und Maria prophetisch hinweisen will. Wie sehr mag dieses Bild den schwerkranken Ludovicus de Ponte getröstet haben!

Ohne vielfache selbstlose Mitarbeit und freundliche Hilfe mit Rat und Tat wären weder Reprint noch Übersetzung zustande gekommen! Wir danken herzlich den Hochwürdigsten Herren Erzbischof Joseph Kardinal Höffner und Bischof Helmut Hermann Wittler, dem hochw. Herrn P. Dr. Josef Schmitz S.V.D., St. Augustin, Frau Min. R. Dr. Helene Große-Schönepauck, Bonn, Herrn OStR. Hans Becker, Oberdollendorf, Herrn Dr. Reinold Hagen, Holzlar, Werner Franz Schmitt und seinen Mitarbeitern, Siegburg, wie auch nochmals allen Subskribenten, deren Namen auf der Schlußseite des 1. Bandes des Reprints eingetragen wurden.

DIE FRAU MIT DER SONNE BEKLEIDET (APK 12) UND DIE VERHERRLICHUNG DER BRAUT DES HOHENLIEDES (6,10)

Gedanken zum Fortschritt in der Auslegung der Geheimen Offenbarung und des Hohenliedes

Übersetzt aus dem Französischen, aus „Nova et Vetera", Genf 1984, 2.

Summarium

Erster Teil: Die „Frau mit der Sonne bekleidet", Mutter Christi und des neuen Volkes im Zeitalter der Gnade.
- Der Bezug von Apk 12 auf die Weissagung vom Emmanuel - Die jungfräuliche Mutter Jesu. Ihre Aufgabe und die Symbole ihrer Herrlichkeit - Die Weissagung vom Emmanuel benutzt von Lk 1,26-38 noch vor Apk 12.

Zweiter Teil: Die Verbindung von Apk 12,1 mit der Verherrlichung der Braut in HL 6,10 und der ursprüngliche Sinn von HL 6,10.
- Suche nach alttestamentlichen Vorgängen von Apk 12,1; HL 6,10 - Auslegung von HL 6,10 - Eine Bekräftigung aus HL 6,4 und 7,1 - Vergleich zwischen Apk 12,1 und HL 6,10. Anwendung von HL 6,10 auf die Mutter Christi.

Dritter Teil: Die besonders brennenden Probleme: Wie ist die Geheime Offenbarung und das Hohelied zu lesen?
- Beobachtungen über die Struktur der Geheimen Offenbarung - Die fundamentale kirchliche Sicht, offen durch Kap. 12 und den Bezug der „Frau mit der Sonne bekleidet" mit der Kirche - Beoachtungen über den prophetischen Hintergrund des Hohenliedes - Das Grundthema des Hohenliedes. Vergleich mit Is 63,7–64,11.

In der Erklärung des 12. Kapitels der Geheimen Offenbarung, der „Frau mit der Sonne bekleidet", ist ein erstaunlicher Fortschritt festzustellen. Aus vielfachen Gründen, die manches Mal auseinandergesetzt wurden, bezog die alte Erklärung den großen Text vor allem auf die Kirche; nur ausnahmsweise wurde der Jungfrau Maria gedacht[1]. Heute nun hält sich

[1] Zur Geschichte der Exegese von Apk 12 verweisen wir vor allem auf *P. Prigent*, Apocalypse 12. Histoire de l' exégèse, Tübingen 1959; *J. B. Le Frois*, The Woman clothed with the Sun (Ap 12), individual or collective? Rom 1954; *A. Trabucco*, La donna ravvolta dal sole (Ap 12) nell'exegesi cattolica postridentina, Rom 1957.

die protestantische Exegese jeder marianischen Perspektive gegenüber verschlossen, während die katholische Welt diese mehr und mehr mutig annimmt. Im Dictionnaire de Spiritualité (Artikel Marie, 10, 420–421) billigt P. Grelot diese Richtung, die von Arbeiten wie denen von F. M. Braun und L. Cerfaux stark gefördert wurde[2]. Indessen stößt diese Richtung auf Gegnerschaft, selbst bei katholischen Forschern: sowohl verwirft man sie gänzlich und einfachhin, als auch reduziert man sie auf ein Minimum: nicht ohne jeden Grund befürchtet man, die Zuschreibung von Apk 12 an die Jungfrau Maria sei um vieles mehr von der Frömmigkeit inspiriert als von einer strengen Untersuchung dieser Stelle[3]. Die besten Absichten können ja nicht dispensieren von einer exegetischen Methode wissenschaftlicher Ordnung.

Nach einer ersten, 1959 erschienenen Studie[4], hatte ich mehrmals Anlaß den so schwierigen Text zu erforschen. Doch habe ich keineswegs die Absicht mich damit zu begnügen, indem ich das dort Gesagte wiederhole. Im Gegenteil, ich möchte Gesichtspunkte geltend machen, die genug neu sind, und wozu mich kürzlich erschienene Arbeiten über die Geheime Offenbarung angeregt haben. Die wichtigsten Werke unter ihnen sind die beiden protestantischen Kommentare zur Apokalypse von H. Kraft und P. Prigent und eine Monographie, die der Feder eines

---

[2] Wir denken vor allem an folgende Arbeiten: *F. M. Braun,* La Mère des fidèles, Paris 1954; La Femme vêtue du soleil, in Revue Thomiste, 1955, 639–659; *L. Cerfaux,* La vision de la Femme et du Dragon en relation avec le Protévangile, in Recueil L. Cerfaux, Bd. 3, Gembloux 1962, 243–244.

[3] Um diese Tendenz deutlich zu machen, kann man die beiden Artikel zitieren: 1. *U. Vanni,* La decodificazione del grande signo in Apocalisse 12, 1–6, in Marianum, 40 (1978) 121–152. Die Schmerzen des Gebärens verbieten Maria in der Frau der Apokalypse 12, 1–6 zu sehen, nicht einmal in der Rolle als Mutter der Kirche. Indes besitzt jedes Symbol eine bewegenden Kraft, die entziffert werden kann. Die „Frau mit der Sonne bekleidet" läßt denken an die einzigartige Verbindung Mariens mit Gott, die Schmerzen des Gebärens an ihre Schmerzen auf Kalvaria; der Aufenthalt dieser Frau in der Wüste könnte die geistige Reifung Mariens beschwören, die sie im Verlauf des öffentlichen Auftretens Jesu erlebte. – 2. *C. Hauret,* Eve transfigurée. De la Genèse à l'Apocalypse, in Revue d'Histoire et de Philosophie Religieuses 59 (1979) 327–339. Apk 12 ist ein Midraschkommentar zu Gen 3, 15: die Frau des Anfangs wird zur Frau der eschatologischen Ära, „Eva, verwandelt, regiert in Herrlichkeit, aber gebärt im Leid, und dies ist ein Reflex der paradoxalen Lage der Menschheit: sie triumphiert, doch mittels eines schmerzhaften Kampfes und dank ihres messianischen Kindes, das den Schlangen-Drachen besiegt und seine Komplizen. Ebenso liefern uns Gen 3, 15, Apk 12, 1–17 und Jo 19, 25–27 wie in einem Triptychon das *speculum humanae salvationis.*

[4] Le Messie e sa Mère d'après le chapitre 12 de l'Apocalypse, in Revue Biblique, 1959, 56–81.

katholischen Autors, H. Gollinger, zu verdanken ist, und die sich eigens mit dem 12. Kapitel der Apokalypse befaßt[5]. Trotz der äußersten Sorgfalt, mit der hier gearbeitet wurde, ist diesen drei Studien jede Anwendung von Apk 12 auf die Mutter Christi fremd geblieben. Aber merkwürdig, gerade diese Arbeiten haben mir neue Perspektiven eröffnet, so daß ich es wagen kann, sie auf den folgenden Seiten zu erörtern.

Mein Beitrag zählt drei Teile. Im ersten setzen wir auseinander, warum „die Frau mit der Sonne bekleidet" an erster Stelle die jungfräuliche Mutter Christi sein muß, wie wir sie aus den Evangelien kennen, noch bevor sie zur Zeit der Gnade Mutter des Volkes Gottes ist; wir versuchen den verschiedenen Einzelheiten der Beschreibung, zumal in 1. Vers, Rechnung zu tragen.

In unserem zweiten Teil zeigen wir, wie sehr, selbst wenn andere biblische Anklänge nicht auszuschließen sind, gerade die merkwürdige Verherrlichung der Braut, von der wir im Hohenlied 6, 10 lesen, die beste alttestamentliche Vorbereitung auf die mit der Sonne bekleidete Frau darstellt. Wir ergreifen die Gelegenheit, um wissenschaftlich festzulegen, was diese befremdliche Stelle im Hohenlied ursprünglich aussagt.

Im dritten Teil, der bei der Schwierigkeit der abzuhandelnden Probleme viel länger hätte sein können, erörtern wir einige Beobachtungen hinsichtlich des Fortschrittes in der Auslegung der beiden Schriften, ohne Zweifel der dunkelsten der ganzen Bibel, Apokalypse und Hohelied. Was die Apokalypse angeht, versuchen wir die von P. Prigent zu Recht gestellte Frage zu beantworten[6]: Wie hängen die beiden Kapitel 11 und 12 der Apokalypse zusammen, denn der erste Blick sieht hier nur eine Wiederholung? Was das Hohelied angeht, so fühlen wir uns veranlaßt, einige Bemerkungen vorzulegen zur Bewertung jener exegetischen Haltung, die heute so gängig geworden ist: ist es richtig, daß wir – hier abgesehen von der kirchlichen Zuschreibung des Hohenliedes zum Kanon der inspirierten Bücher – keinen inneren Beweis besitzen von ihrer echten religiösen Bedeutung?

In einer Studie, die sich in erster Linie über das 12. Kapitel der Apokalypse verbreitet, mag der Leser erstaunt die unverhältnismäßig lange Behandlung des Hohenliedes wahrnehmen. Das Motiv dieser Unver-

---

[5] Hier die drei Bezugnahmen: *H. Kraft,* Die Offenbarung des Johannes, Tübingen 1974; *P. Prigent,* L'Apocalypse de saint Jean, Lausanne–Paris, 1981; *H. Gollinger,* Das „Große Zeichen" von Apokalypse 12, Würzburg, 1971. Für das Folgende bemerken wir, daß wir die bibliographischen Angaben auf das nötige Minimum reduziert haben.

[6] L'Apocalypse de saint Jean, 176–177.

hältnismäßigkeit ist folgendes: Der religiöse Sinngehalt der Apokalypse ist unbestritten; wohl ist es schwierig, ihn im einzelnen aufzuzeigen, und unser ganzes Bemühen geht dahin, ihn einsichtig zu machen.
Für das Hohelied aber wird ein viel radikaleres Umdenken verlangt, was zu wünschen und von uns zu stützen ist. Die Exegeten heute, selbst die katholischen, vertreten die Auffassung, seine Poesie böte in sich betrachtet keinen Hinweis auf religiösen oder inspirierten Charakter. Wir wollen hingegen evident machen, daß wir solche Hinweise haben. Doch müssen diese Hinweise sorgfältig und exakt belegt werden. Den schlechtesten Dienst erweist man der Sache des Hohenliedes, wollte man dies mit gezwungenen Argumenten verteidigen, bar jeden beweisenden Wertes. Im übrigen dürfte die Lage der Christen auf diesem Felde als eine recht peinliche empfunden werden, wenn sie keinen anderen Beweis für den heiligen Charakter dieser Poesie beibringen können als deren kirchliche Zuschreibung zum Kanon der inspirierten Bücher oder etwa nur noch die Wirkung ihrer Lektüre, die ja mehrere große Mystiker gezeitigt hat.

ERSTER TEIL

DIE FRAU MIT DER SONNE BEKLEIDET: MUTTER CHRISTI UND MUTTER DES NEUEN VOLKES IM ZEITALTER DER GNADE

„Ein großes Zeichen erschien am Himmel, *sèmeion mega ôphtè en to ouranô*", diese Worte leiten das 12. Kapitel der Apokalypse ein und verdienen unsere volle Beachtung[1]. Man kennt im Neuen Testament zwei Arten von Zeichen *(sèmeia),* solche die durch falsche Propheten oder dämonische Kräfte aufkamen, um die Menschen zu täuschen (Apk 13, 13–14; 16, 14; 19, 20), und andere, die jedem menschlichen Eingreifen entzogen sind und direkt von Gott stammen (Mk 8, 11; Mt 24, 3; Lk 21, 11 ...). Die „Frau mit der Sonne bekleidet" ist gewiß ein Zeichen der zweiten Art und hat obendrein Anspruch auf besondere Bewertung, da sie „großes Zeichen" *(mega)* genannt wird. Allerdings findet sich die Wendung „ein großes Zeichen am Himmel" noch einmal in Apk 15, 1, wo die Rede von den sieben Engeln ist, den Bringern der letzten sieben Plagen; aber was da berichtet wird, ist eine persönliche Erfahrung des Sehers: „ich sah", während in 12, 1 es passivisch heißt: „es erschien ... es wurde gesehen *(ôphtè),* was eine große Tragweite besagt.

Der Bezug von Apk 12 auf die Prophetie vom Emmanuel

Die volle Formel „Ein großes Zeichen erschien am Himmel" findet sich nirgendwo anders in der Apokalypse, insofern ein passives Verb zur Verwendung gekommen wäre, „wurde gesehen", oder „es erschien", gängig zur Bezeichnung der großen göttlichen Eingriffe in die Heilsgeschichte. Nennen wir zuerst die Erscheinungen des Auferstandenen (Lk 24, 34; Apg 13, 31; 1 Kor 15, 5–8), das Erscheinen der Feuerzungen zu Pfingsten (Apg 2, 3) und Christi vor Paulus auf dem Weg nach

[1] In der allgemeinen Beschreibung des „Zeichens" folgen wir hier H. Gollinger, Das „Große Zeichen", 73–75.

Damaskus. Es gibt dann noch die Erscheinung Gottes vor Abraham (Apg 7,2), des Engels vor Moses am Sinai (Apg 7,30.35), Gabriels vor Zacharias (Lk 1,11) Moseś und Eliaś bei der Verklärung (Mk 9,4) usw. Die Apokalypse wird oft als eine Nachlese der Prophetien des Alten Testamentes im Licht des Christusereignisses beschrieben. Das macht eine genaue Sicht auf die alten Orakel dringend erforderlich, auf die uns Johannes ja auch besonders verweisen will. Die meisten Ausleger erkennen in Apk 12,1 wenigstens einen Anklang an das Zeichen des Emmanuel im 7. Kapitel bei Isaias an; aber sehr wenige unter ihnen haben die beträchtliche Bedeutung dieses Bezuges erfaßt. Jedenfalls ist die Übereinstimmung zwischen Isaias und der johanneischen Offenbarung bemerkenswert. Wissenschaftlich gesehen erscheint sie uns eine sichere. In Is 7 läßt Gott den Propheten dem König Achaz das ungewöhnlichste Zeichen, das es geben kann, vorschlagen: „Fordere ein Zeichen von Jahwe, deinem Gott, es sei in den Tiefen der Unterwelt oder im Himmel!" Gott will damit bestätigen, wie fest die Versprechen gelten, die er der davidischen Dynastie gemacht hat (2 Sam 7). Und da der ungläubige Achaz ablehnt das Zeichen zu fordern, gibt Gott selbst das Zeichen. Das Zeichen aber, um das es geht, ist die jungfräuliche Geburt des Messias, dessen Mutter ebenso und gleichzeitig verheißen wird wie ihr Kind: „Darum wird der Herr selbst euch ein Zeichen geben. Siehe die Jungfrau wird empfangen, einen Sohn gebären und ihm den Namen Emmanuel geben!" Was die einzigartige Größe der ersten Prophetie von Is 7 ausmacht, ist die historische Eröffnung einer großen Reihe von Verheißungen über den persönlichen Messias, der uns hier mit seiner Mutter in unauflöslicher Verbundenheit gezeigt wird. Die Weissagung Nathans, zur Bekräftigung bestimmt, weil die Verwirklichung durch das Bündnis der Syrer mit dem Stamme Ephraim infrage gestellt erschien (vgl. Is 7,6), war nur begrenzt eine Prophetie, die wohl die ganze Dynastie Davids betraf, aber noch nicht den Messias persönlich. In den Orakeln von Amos und Osee wird der persönliche Messias nicht erwähnt. Der dunkle Text bei Michäas (5,2) „von der Zeit, daß die so gebären soll, geboren habe", ist aller Wahrscheinlichkeit nach nur ein Echo auf Is 7,14[2].

[2] Hier stellt sich das Problem des persönlichen Messianismus, im Psalter so deutlich anzutreffen. Das bekannteste Beispiel ist Ps 110 *(Dixit Dominus)*. In seiner heutigen Form hängt der persönliche Messianismus von dem der Propheten ab, beginnend mit Isaias. Ps 110 ist besonders schwierig, sein Ursprung geht auf eine Offenbarung zurück, die David gewährt wurde. Seine endgültige Redaktion ist nachexilisch. Doch ist keineswegs erfordert, hierin Lagrange zu folgen, der dazu neigt, die letzte Fassung in die sehr späte Zeit des Daniel zu verlegen.

J. Coppens schreibt zu dieser Stelle: „Selten, vielleicht nie im Verlauf der Geschichte hat ein wunderwirkender Prophet nicht behauptet die Macht zu haben, das Wunder auch zu wirken. Der Prophet als Mund Jahwes identifiziert sich hier mit Jahwe sozusagen. Was seine Worte aussagen, ist, daß es sich um ein echtes Zeichen Jahwes handelt". Seinerseits kommentiert A. Robert abhängig von O. Procksch: „Wenn Isaias von einer jungen Frau *(álmâh)* spricht und nicht das hebräische Wort *(betulah)* gebraucht, das unserem „Jungfrau" voll entspricht, dann deshalb, weil wie O. Procksch bemerkt dieser letzte Begriff jede Idee des Gebärens ausschließt.[3] Aber der Gedanke des Isaias ist keineswegs zögernd formuliert, wie der Zusammenhang beweist, wo gerade die Mutter des Emmanuel in Szene gesetzt wird. Obwohl die Weissagung gemäß ihrem Anlaß einen Nachkommen des Davidshauses bezeichnet, erwähnt sie nicht – was unnatürlich erscheint – einen Monarchen, der dessen Vater sein wird und dem das ausschließliche Recht zusteht, wie es damals üblich war, dem Kind seinen Namen zu geben. Der Emmanuel kündet auch an, nämlich durch die Art, wie er zur Welt kommen wird, daß Gott die

[3] „La Prophétie de la *Álmâh,* Analecta Lovaniensia Biblica et Orientalia, Ser. II fasc. 35, 1952, S. 10. Hier einige ergänzende Bemerkungen über die so wichtige Weissagung Is 7, 14 bezüglich des Emmanuel und seiner Mutter. Die Hypothesen, die aus diesem (noch nicht geborenen) Emmanuel einen Sohn des Achaz (Ezechias) oder noch des Isaias machen oder irgend ein Kind, das in Juda geboren wird, sind unhaltbar. Wie hätte Isaias im voraus wissen können, daß das Kind ein Knabe ist? Vor allem aber verkündet er ein Wunder: es, das Kind, gehört zum Bereich des Göttlichen (9, 5 *Deus fortis*), von Geburt an mit dem Hl. Geist erfüllt (11, 2 ff.), es leitet ein Zeitalter der Gerechtigkeit und des Friedens ein. Obendrein wird das Land Juda, anderswo Land Jahwes genannt (Is 14, 2. 25), auch ihm gehören (8, 8). Was *álmâh* betrifft, die Mutter des Emmanuel, so haben die griechischen und syrischen Übersetzungen sicherlich den präzisen Sinn des hebräischen Ausdrucks verfehlt, wenn sie durch „Jungfrau" wiedergeben. Nichtsdestoweniger bezeichnet unzweifelhaft *álmâh* eine junge Tochter, die durch das Band der Ehe noch nicht gebunden ist. Die Verwendung dieser Vokabel in diesem Kontext ist also gänzlich ungewöhnlich, zumal mit keinem Wort vom Vater die Rede ist. Der einzige Text, der Schwierigkeiten machen könnte, Spr 30, 19, hört auf eine Objektion zu sein, wenn man nur annimmt, daß er von dem folgenden Vers, der vom „Weg" der Ehebrecherin spricht, zu trennen ist; das *álmâh* von Vers 19 bezeichnet also eine junge Frau, die noch Jungfrau ist. Vgl. hierzu *D. Buzy,* Les mashals numériques de la sangue et de l'álmâh (Spr 30, 15–16; 18–20), in Revue Biblique 1933, 5–13. Die Bibliographie über Is 7, 14 ist immens. Ich stütze mich beim Zitieren auf die gute synthetische Arbeit von *A. Gelin,* in Supplément au Dictionnaire de la Bible, 5, Artikel *Messianisme,* Sp. 1180–1182. Aufgrund der außergewöhnlichen Rolle, die *P. Lagrange* beim Aufschwung der modernen Exegese gespielt hat, möchte ich seine schöne Studie zitieren, in der er den literarischen Messianismus energisch verteidigt: La Vierge et Emmanuel, Revue Biblique, 1892, 481–497.

Anliegen seines Volkes in die Hand nehmen wird – ohne Mitwirkung der verkommenen Dynastie. Die Weissagung der *álmâh* ist also die entscheidende Antwort Gottes auf die Ungläubigkeit des Achaz. Das verleiht der Prophetie, bemerkt Procksch, einen Rang erster Ordnung; wir fügen hinzu, daß sie im selben Verhältnis eine Marienprophetie ist".[4] Wie bedauerlich, daß heute dieser literarisch messianische Charakter des Orakels so oft mißverstanden wird!

Wir begegnen im Isaiastext 7, 14 der klarsten und erregendsten messianischen Weissagung des ganzen Alten Testamentes: Gott kündet ein Wunderzeichen an – sein souveränes Eingreifen in die Heilsgeschichte, die Jungfrauengeburt eines Heilandes, der für die Menschen Emmanuel ist, das heißt „Gott mit uns". Ähnlich ist an eine gewaltige Intervention Gottes das Zeichen in Apk 12, „die Frau mit der Sonne bekleidet" gebunden, gleichfalls nicht zu trennen von der Geburt der Messiasperson, denn diese Frau, schwanger wie die von Isaias erblickte *álmâh,* bringt zur Welt den im 2. Psalm vorhergesagten Retter, der die Nationen mit eisernem Zepter regieren wird, wie es in Apk 12, 5b (vgl. Ps 2, 9) berichtet wird. Aus welchen Motiven heraus beachteten die Kommentatoren so wenig den Bezug von Apk 12, 1 auf Is 7, 14, der doch unbestreitbar ist, denn nirgendwo anders als in diesen zwei Sätzen bietet Gott ein außergewöhnliches Zeichen an, das an eine Schwangere so eng gebunden ist, die Mutter des Messias werden soll? Zwei Schwierigkeiten haben den Exegeten abgeraten, diese Verbindung herauszustellen. Zunächst werden die Schmerzen des Gebärens in der Apk so sehr betont, was dann hindert an die glückliche Geburt Jesu zu Bethlehem zu denken. Auf diese erste Objektion bringt meine Studie, die ich schon erwähnte, in der Revue Biblique 1959 eine Antwort, die mehrere Autoren als legitim anerkannt haben, und die im besonderen P. Prigent ohne Zögern zu der seinen machte – wenigstens teilweise: der Verfasser der Apokalypse verbindet in einer synthetischen Schau das physische Gebären des Messias und das metaphorisch so schmerzhafte miteinander, gebunden wie es ist an das

[4] Maria. Etudes sur la Sainte Vierge, hsgg. von *H. du Manoir,* Bd. 1, Paris 1949, 37–38. Heute wird ständig behauptet, Emmanuel sei nicht der Messias, sonder Ezechias. *O. Procksch, J. Coppens, A. Robert, L. Dennefeld* (Saint Bible de Pirot) und viele andere Kritiker verwerfen scharf diese so billige Exegese. Übrigens stößt diese auf große Schwierigkeiten. Um die Reaktion des Isaias zu begreifen, muß man bedenken, daß das David gemachte Versprechen ein bedingungsloses war und sich erfüllen sollte, selbst im Fall eines Abfalles von David oder seiner Nachkommen, was in 2 Sm 7, 14–15 und im Ps 89, 31–36 betont wird.

Drama des Erlösers, des Messias, der sich mit dem messianischen Volk unlöslich verbunden hat. Hat nicht Jesus selbst, im vierten Evangelium (Jo 16, 21) sein Leiden mit einer Geburt verglichen? Mit anderen Worten: Apk 12, 2–3 und 5–6 werden völlig verständlich, wenn man sie als eine Schau begreift, die die zwei ganz verschiedenen historischen Ereignisse synthetisch verbinden kann.

Die zweite Schwierigkeit, die hier für Apk 12 davon abwenden machte, an die Mutter Jesu an erster Stelle zu denken, dagegen aber glauben lassen wollte, daß es sich um das Sion der Propheten handele, das hier zuerst oder ausschließlich gezeigt werden sollte, liegt in dem befremdenden Ausdruck des ersten Teiles von Vers 5. Man muß buchstäblich übersetzen: „sie brachte ein Kind zur Welt, ein Knäblein“ *(eteken huion arsen)*. Das Wort *arsen* ist hier nicht Adjektiv sondern Neutrum-Subjektiv, das aussagen will: ein Kind männlichen Geschlechts, ein männliches Kind. Diese Redeweise hatte hier die Wirkung, als unnütz und überflüssig aufgefaßt zu werden[5] und zur ärgerlichen Folge, daß die Aufmerksamkeit der Erklärer von dem großen Zeichen des Emmanuel abgelenkt und fast einzig auf die Prophetie Is 66, 7 hingelenkt wurde, wo der folgende Vers zeigt, daß das Kind (das Knäblein) ein Kollektiv repräsentiert, nämlich das Neue Volk im Zeitalter der Gnade. Daher die unannehmbare Simplifizierung gewisser Übersetzungen (wie die der Bibel von Jerusalem)[6], wo das erste Wort *filius* unterdrückt wird, um nur das zweite zu wahren: Knabe.

In Wirklichkeit befinden wir uns ganz wie vorhin bei der synthetischen Schau von zwei an sich bzw. historisch verschiedenen Ereignissen, die Johannes *per modum unius* betrachtet. Also muß man die beiden Begriffe: Kind und Knabe, absolut aufrecht halten und sich hüten, sie synonym zu nehmen. Tatsächlich will Johannes, wie dies H. Kraft sehr gut expliziert hat, uns auf zwei Prophetien verweisen, die ganz verschieden voneinander, jedoch komplementär sind, entsprechend den beiden Geburten, die der Seher uns als die des persönlichen Messias und als die des messianischen Volkes verkünden will. Die erste Formel „sie wird ein Kind gebären“ ist der Weissagung Is 7, 14 entliehen – vom Zeichen des Emmanuel,

---

[5] Man vergleicht sie ungebührlich mit der pleonastischen Formel, die von Zeit zu Zeit verwendet wurde, um einen Knaben zu bezeichnen *(ben zakar)*; vgl. besonders Jer 20, 15. Vgl. *H. Gollinger*, Das „Große Zeichen“, S. 97.

[6] Die Offenbarung des Johannes, S. 166. Mit mehr oder weniger Sorgfalt äußern sich andere Erklärer im selben Sinn; vgl. zumal *A. Kassing*, Die Kirche und Maria. Ihr Verhältnis im 12. Kapitel der Apokalypse, Düsseldorf 1958, S. 135.

und bezieht sich auf die Geburt des persönlichen Messias Jesus, die ungewöhnlich verkürzt uns von der Apk hernach „erhoben zu Gott und zu seinem Thron“ gezeigt wird.
Die zweite Formel „sie wird einen Knaben gebären“ stammt, wie wir noch näher erklären werden, aus Is 66,7 und entspricht der schmerzvollen Geburt des messianischen Volkes, von der wir schon vorhin gesprochen haben. Hier ist die Rede von dem, was in 12,13 fraglich wurde: die Frau gebar einen Knaben (das Wort Sohn *huios* wurde nicht wieder aufgenommen, denn Jesus weilt nicht mehr auf Erden), und der Schluß des 12. Kapitels, wo uns verkündet wird: „Rest der Abkömmlinge der Frau, die da Gottes Gebote halten und das Zeugnis Jesu haben“.

Die jungfräuliche Mutter Jesu, ihre Rolle, und die Symbole ihrer Verherrlichung

Unsere Beobachtungen führen uns dahin, einen beträchtlichen Sichtwechsel für die gängige Auffassung von der „Frau mit der Sonne bekleidet“ vorzuschlagen. Diese „Frau“ – Apk 12[7] – ist in erster Linie weder das Sion der Propheten noch die christliche Kirche, sondern sehr wohl die jungfräuliche Mutter Jesu. Wenn wir reflektieren, was ist dann natürlicher als diese Exegese? Trotz gewisser neuerer Hypothesen, die der Apk ein viel älteres Entstehungsdatum zuschreiben[8], glauben wir auf-

[7] Wir haben hier anzugeben, daß, ausgehend von anderen Anzeichen, allerdings mehr zweiter Ordnung, *A. M. Dubarle* zur selben Schlußfolgerung gekommen ist. Überall anderswo, sagt er, bleiben die in der Apokalypse auftretenden Engel anonym; allein im 12. Kapitel tritt Michael als Gegner des Drachens in die erste Reihe; „es ist nur natürlich, daß entsprechend der Parallele der Situationen die vom Haß des Drachens verfolgte Frau ebenso eine individuelle Person ist, Maria, Mutter Jesu, und nicht einzig eine Darstellung der Kirche“ (La Femme couronnée d'étoiles (Ap 12), in Mélanges Bibliques rédigés en l'hommeur d'André Robert, Paris 1957, 512 ff.

[8] Wir denken hier im besonderen an die neuen Gesichtspunkte, die *J. A. T. Robinson* hierüber in seinem Buch, übrigens mit anderen sehr suggestiven Sichtweisen verteidigt: Redating the New Testament. Im Gegensatz zur Auffassung Robinsons gibt es kein Motiv, das echt zwingen würde, den Wert den klaren Zeugnissen des Irenäus in Zweifel zu ziehen. Wohl hat J. A. T. Robinson, wie wir meinen, fast sicherlich recht, die übrigens recht dunkle Aussage des Irenäus zurückzuweisen, wonach „Markus, Schüler und Interpret des Petrus“ sein Evangelium erst nach dem „Exodus“ (ohne Zweifel: nach dem Tod) von Petrus und Paulus *(Adv. haer.* 3,1) geschrieben habe. Tatsächlich behauptet Clemens von Alexandrien, Petrus sei nach Rom zur Zeit des Claudius (also zwischen 41 und 54) gekommen und die Hörer der Predigt des Apostelfürsten hätten Markus gebeten, das Evangelium niederzuschreiben, das Petrus selbst mit seiner Autorität konfirmiert habe (H. E. 2,15,2, zu vergleichen mit einem anderen Text von Clemens über Markus, den Eusebius bringt: H. E. 6,14,5–7).

recht halten zu können, was allgemeine Annahme ist, die das formelle Zeugnis des Irenäus für sich hat (Adv. haer. 5, 30), nämlich um das Jahr 95 herum, in den letzten Regierungsjahren des Kaisers Domitian. L. Cerfasse stellte dazu schon die Frage: Ist es möglich, daß, wie es eine Anzahl Erklärer des 12. Kapitels voraussetzt, ein christlicher Schriftsteller vom Ende des 1. Jahrhunderts uns von der Mutter des Messias erzählt, ohne die konkrete Mutter Jesu zu erwähnen, die in der Kirche überall bekannt ist? Wir gehen nun weiter als Cerfasse und fragen: Ist es möglich, daß derselbe Schriftsteller dort, wo er einen solchen Gegenstand behandelt, die Jungfrau Maria nicht auf den ersten Platz gesetzt hat?

Es gibt noch ein anderes, ebenso wichtiges Motiv. Die Weissagung Is 7, 14 über die Jungfrauengeburt des Emmanuel erfreute sich in der Urkirche einer außergewöhnlichen Aufnahme. Matthäus zitiert sie am Anfang seiner Berichte über die Kindheit Jesu ausdrücklich, der hl. Lukas bezieht sich auf diese Weissagung im Bericht von der Verkündigung (1, 26–38), und dies mit viel stärkerem Bemühen, als man annehmen brauchte – wir werden darauf in einer zusätzlichen Fußnote am Ende dieses ersten Abschnittes eingehen.

Fügen wir hinzu, daß der erste Band der *Biblia Patristica*, das Register der biblischen Zitate und Anklänge in der patristischen Tradition von Origenes bis zu Clemens von Alexandrien, Paris 1975, für diese erste Periode der Kirche mehr als 50 Zitate oder Anklänge des Isaiastextes 7, 14 kennt (S. 210). Wäre es vorstellbar, daß Johannes mit seinem speziellen Interesse an der Jungfrau Maria in seinem Werk über die großartige marianische Prophetie kein Wort geflüstert hätte? Ganz im Gegenteil – wir glauben behaupten zu können, er hat in der Apk ihr einen auserwählten Platz zugeteilt.

Wenn es wahr ist, daß der Emmanuel des Isaias uns implizit als ein neuer Adam, insofern dies die Paradiesesnahrung[9] nahe legt, die ihm eingeflößt wird (Butter und Honig, Is 7, 15), zu gelten hat, dann wird an seiner Seite die „Frau mit der Sonne bekleidet“, in der wir an erster Stelle die Mutter Jesu sehen, in Apk 12 uns als die neue Eva präsentiert, die den Sieg über die Schlange, den Versucher des irdischen Paradieses erringt, wie das Protoevangelium Gen 3, 15 dunkel vorhergesagt hat. Ferner kommt der-

[9] Zu der sehr diskutierten Bedeutung des Symbols von Butter und Honig und zu dem Faktum, daß der Messias des Isaias schon empfangen ist, in Gegenthese zu Adam dem Sünder der Genesis, kann ich nur auf meine Untersuchungen verweisen: Le messianisme du livre d'Isaie, son rapport avec l'histoire et les traditions d'Israel, in Etudes d'Exegésè et de Théologie Biblique. Ancien Testament, Paris 1975, 228–231.

selben Frau die Ehre zu, den erhabensten Auftrag auszuführen, der dem ganzen auserwählten Volk übertragen wird, nämlich der Menschheit ihren Retter zu geben.
Schließlich und sogar vor allem anderen in derselben Zeit, in der sie Mutter Jesu ist, ist diese Frau die Mutter des Neuen Volkes im Zeitalter der Gnade. Man muß in der Tat der verborgenen, aber um so festeren Bindung von einem Teil des Isaiaszitates 66, 7, das in Apk 12, 5 wiederaufgenommen wird, und andererseits der Benutzung desselben prophetischen Orakels in den Worten Jesu Jo 16, 21–22 voll Rechnung tragen. 16, 22 wiederholt wörtlich Is 66, 14 – Worte, die allein schon helfen die ganze Tiefe zu ahnen, die in der Abschiedsszene des Gekreuzigten von seiner Mutter in Jo 19, 25–27 sich auftut.
Trotz ihrer Verherrlichung in Apk 12, 1 begleitet diese Frau die Kirche in allen Kämpfen und Prüfungen ihrer irdischen Existenz mit ihrer treuen Hilfe. Das ist es, was so herrlich in Apk 12, 6–17 eingegeben und dargestellt ist. Übrigens ist es evident, daß die in die Wüste geflohene, vom Drachen verfolgte Frau zuerst die Kirche darstellt, die Johannes uns zeigen will. Wir kommen darauf zurück, auf diese Art das Geschehnis abzustimmen mit unserer Erklärung von 12, 1–5. Im übrigen verweisen wir auf viele Studien, die wir über den unerschöpflichen Text von Apk 12 vorgelegt und veröffentlicht haben[10]. Was wir nun sagen wollen, verpflichtet uns aufs neue zu präzisieren, genauer als von uns bisher geschehen, die Bezüge nämlich zwischen der „Frau mit der Sonne bekleidet“ des 12. Kapitels und dem neuen Jerusalem, der Braut oder der Gattin des Lammes, in den letzten Kapiteln der Apokalypse (19–23). Der Ähnlichkeiten sind gewiß viele, aber man hat sie zuweilen übertrieben, und die Unterschiede überraschen ebenso wie die Ähnlichkeiten; die einen wie die anderen erscheinen im Verlauf unserer Erörterung mehr und mehr geklärt. Jetzt wollen wir uns begnügen, die hauptsächlichen Ähnlichkeiten und die hauptsächlichen Differenzen anzuzeigen.
Die „Frau mit der Sonne bekleidet“ in Apk 12 erscheint vor uns verherrlicht und in Licht getaucht ganz wie das neue Jerusalem, obgleich man es

[10] Es mag nützlich sein, an unsere hauptsächlichsten Untersuchungen zu Apk 12 zu erinnern; man findet dort eine Anzahl wichtiger Gegebenheiten, die zu wiederholen hier langweilen würde: Jésus et sa Mère d'après les récits lucaniens le l'enfance et d'après saint Jean, Paris 1974, 30–46; Le chapitre 12 de l'Apocalypse; son caractère synthétique et sa richesse doctrinale, in Esprit et Vie, 1978, Nr. 49, S. 674–683; La doctrine mariale du Nouveau Testament et la Médaille miraculeuse, in Esprit et Vie, 1980, Nr. 49, 3. Teil S. 667–675.

mit Recht als ihre prophetische Ikone betrachtet, wie man manches Mal gesagt hat. Aber so innig sie auch mit dem Volk Gottes des Alten und Neuen Bundes verbunden ist, so ist doch die Frau der Apk 12 zuerst eine reale Frau, die ihre vor allem mütterliche Rolle spielt. Im Gegensatz dazu ist die Frau am Ende der Apk keine reale Frau, sondern ein Kollektiv, eine Kirche, die nie wie eine Mutter präsentiert wird, selbst wenn sie es wahrhaft stets ist, jedoch einzig als mystische Braut Christi.
Wie nun dies zu beachten ist aufgrund des Bezugs der Frau des 12. Kapitels zu der vom Ende der Apokalypse, so beachte man auch, daß das Emmanuclzcichen aus Is 7, 14 zweimal angewandt wurde, aber nicht auf dieselbe Weise. In 12, 1.5 geht es vor allem um die jungfräuliche Mutter des Emmanuel, eklatantes Zeichen des Eingreifens Gottes in die Heilsgeschichte. In 21, 2–3 wird dieselbe Weissagung auf die herrliche Verheißung bezogen, die dem Namen Emmanuel folgt: „Gott mit uns“, die Verheißung jetzt gemäß dem definitiven, ewig gültigen Sinn verstanden: „Und ich sah die heilige Stadt, das neue Jerusalem aus dem Himmel herabsteigen, von Gott her, bereitet als eine Braut, geschmückt für ihren Mann. Und hörte eine starke Stimme, von dem Throne her, die sprach: „Siehe die Wohnung Gottes bei den Menschen. Er wird bei ihnen wohnen. Sie werden seine Völker sein und er wird sein der Gott, der mit ihnen ist!“ Diese letzten Worte sind „une transposition exacte d'Emmanuel“ – so die Anmerkung in TOB, der wir die Übersetzung dieses Textes entnehmen (S. 807)[11].
Welche Tragweite kommt nun im einzelnen der evident symbolischen Beschreibung des Zeichens der Frau in Apk 12, 1 zu? Die Frau ist von der Sonne bekleidet, umhüllt wie von einem Mantel; sie steht auf dem Mond unter ihren Füßen und trägt auf ihrem Haupt eine Krone von zwölf Sternen. In der Hl. Schrift bedeuten Sonne, Mond und Sterne die großen Quellen des Lichtes, die dem Menschen vom Schöpfer gewährt sind.

---

[11] Ein Vergleich mit dem ersten Evangelium drängt sich auf. In 1, 23 zitiert Matthäus in ganzer Länge die Weissagung vom Emmanuel, um zu zeigen, wie die jungfräuliche Geburt Jesu durch Maria Wirklichkeit wurde. Das letzte Wort Christi des Auferstandenen, von Matthäus in 28, 20 berichtet, proklamiert eine erste Verwirklichung des Namens Emmanuel selbst (Gott mit uns) für den Verlauf der irdischen Existenz der Kirche: „Seht ich bin bei euch alle Tage bis zum Ende der Welt!“ Die Bibel von Jerusalem bemerkt mit Recht, die Formel „Ich bin bei euch“ sei ein verdeckter Bezug auf die Weissagung vom Emmanuel, die Matthäus in 1, 23 gebracht hat. Im vierten Evangelium erfahren wir, daß es der Hl. Geist ist, den Jesus meint als den, der das erhabene Versprechen erfüllt: Gott mit uns. „Ich will den Vater bitten und er wird euch einen anderen Tröster senden, der immer bei euch bleibt“ (Jo 14, 16).

„Lobt ihn, Sonne und Mond, lobt ihn, all ihr Sterne des Himmels!" (Ps 148, 3). Obendrein werden in der jüdischen Eschatologie die verherrlichten Menschen gern als Lichtkörper dargestellt[12]; zitieren wir nur einige Stellen. Nach der Auferstehung (Dan 12, 3) „leuchten die Gelehrten wie der Glanz des Himmels, und die viele andere in der Gerechtigkeit unterwiesen haben, wie die Sterne immer und ewiglich". Mt 13, 43: „Dann leuchten die Gerechten wie die Sonne im Reiche des Vaters!" In Wsh 3, 7 wird mit dem Glanz der Gerechten die Idee ihrer Teilnahme am göttlichen Sieg über die Bösen (Schilfrohr) verknüpft: „Hell leuchten sie auf zur Zeit des Gerichtes. Sie fahren wie Funken durchs Schilfrohr hin." Wir erinnern noch an die Beschreibung des verklärten Christus bei Mt 17, 2: „Sein Antlitz leuchtete wie die Sonne und sein Gewand wurde weiß wie das Licht." Vor allem gibt es aber zu Beginn der Apk die Vision des Menschensohnes und seiner Herrlichkeit, eine Vision, die wie in Apk 12,1 jeweils die Sonne und die Sterne zu sich holt (1,16): „seine Augen wie Feuerflammen, sein Angesicht leuchtete wie die Sonne am Mittag", noch mehr: „er hält sieben Sterne in seiner rechten Hand", die sieben Sterne sind „Engel der sieben Gemeinden", Bild der Souveranität, die er absolut über die ganze Kirche ausübt (1,14–16.20). Diese parallelen Texte laden ein, daran zu denken – in voller Übereinstimmung mit H. Gollinger[13], daß die in Apk 12, 1 überlieferte Grundidee die Verherrlichung anzielt. Einmal angenommen, die Mutter des von Isaias angekündigten Messias sei von Johannes zuerst in den Blick genommen, dann denkt man sofort an den himmlischen Triumph der Jungfrau Maria im Mysterium ihrer Aufnahme, an den Triumph, der dem des verherrlichten Menschensohnes entspricht, der am Anfang des Buches beschrieben ist. Wir zögern doch sehr dem Beispiel einiger Autoren zu folgen, die die Interpretation dieses über alles strahlenden Bildes bis zum Exzeß verwirren, und nach denen der Mond unter den Füßen der Frau „die dem Untergang verfallene gegenwärtige Welt"[14] oder noch dazu „die Wandlungen der Geschichte"[15] versinnbildet. Denn die Stellung des Bildes kann höchstens dazu beitragen, die Idee der königlichen

[12] Vgl. P. Volz, Die Eschatologie der jüdischen Gemeinde im neutestamentlichen Zeitalter, Tübingen 1934, 398.
[13] Das „Große Zeichen", 73 f.
[14] La Femme vêtue du soleil (Ap 12), Revue Thomiste 55 (1955), 657.
[15] A. Kassing, Die Kirche und Maria, 148.

Herrschaft nahezulegen. Aber das Eigentliche scheint uns folgendes zu sein. Die Erwähnung der Sonne, des Mondes und der Sterne nacheinander scheint hauptsächlich zu meinen, alle Quellen des Lichtes sind bestimmt, diese Frau ungewöhnlich leuchtend darzustellen und so ihre Hoheit zu preisen.

Indessen erfordert die Krone der 12 Sterne noch einige zusätzliche Erklärungen. Die Tatsache, daß die Sterne in Form einer Krone über dem Kopf der Jungfrau angeordnet sind, scheint gewiß an den vollen Triumph dieser Frau über den Höllendrachen, dem sie in heftigstem Kampf die Stirn geboten hatte, erinnern zu sollen. Diese Sinngebung folgt mühelos aus mehreren konvergierenden biblischen Angaben. In Jak 1,12 wird „die Krone des Lebens" denen versprochen, die die Prüfung bestanden haben. In 1 Pe 5,4 wird gefragt „die Krone der Ehren, die unverwelkliche, aufbewahrt für die „alten" Gläubigen, wenn der Erzhirt erscheinen wird". In der Apk wird der Kirche von Smyrna geschrieben: „Sei getreu bis in den Tod, so will ich dir die Krone des Lebens geben!" (2,10), und an Philadelphia: „Sieh, ich komme bald; halte, was du hast, damit dir niemand deine Krone nehme!" (3,11). Die 24 Ältesten um den Thron Gottes versammelt (4,4), die ohne Zweifel die Heiligen des Alten Testamentes repräsentieren (vgl. die Alten in He 11,2), tragen goldene Kronen auf den Häuptern. Der Reiter oder das weiße Pferd (6,2), augenscheinlich die unwiderstehlichen göttlichen Urteile, ist mit einer Krone ausgestattet. Zusammenfassend kann man sagen: Die drei miteinander verbundenen Symbole, das leuchtende Podium (Mond), der leuchtende Mantel (Sonne), die leuchtende Krone (Sterne) bedeuten die gesamte Verherrlichung. Aber das Podium besagt eher die Herrschaft, und die Krone eher den Sieg, der in der Schlacht errungen ist.

Schwieriger läßt sich eine sichere Erklärung zu (Apk 12,1) den zwölf Sternen geben. Die Zahlen spielen in der Apokalypse eine große Rolle und tragen deutlich eine figürliche Bedeutung, doch kann sie nur eine sehr allgemeine sein. Dreieinhalb als Hälfte von sieben besagen eine ungewöhnliche und mangelhafte Sache; z.B. die dreieinhalb Tage von 11,9, die dreieinhalb Jahre oder 42 Monate von 11,2 und 12,14; 7 und 12 hingegen besagen die Fülle und Vollkommenheit. Besonders die Zahl 12 und ihre Ableitungen 144–144000 bedeuten die höchste Vollendung und gelten als die recht eigentlichen himmlischen Zahlen. Das himmlische Jerusalem öffnet sich mit 12 Toren, die Mauern stehen auf 12 Grundsteinen, Länge und Breite der Stadt 12000 Stadien, die Mauern 144 Ellen, die 12 Tore sind 12 Perlen (21,12.14.16.17.21).

Beachtet man den engen sicheren Bezug der „Frau mit der Sonne bekleidet“ auf das neue Jerusalem, so neigt man dazu, den 12 Sternen eine genauere Bedeutung beizumessen: Muß man sie nicht mit den 12 Stämmen der Kinder Israels in Verbindung bringen, deren Namen über die Tore der heiligen Stadt eingeschrieben sind, und mit den 12 Aposteln des Lammes, deren Namen eingetragen sind auf den Grundsteinen der Stadt? (21, 12. 14). Diese doppelte Bedeutung paßt wunderbar zu der Rolle, die der Mutter Christi in der Heilsgeschichte einzigartig zugewiesen wurde.

Die Weissagung über den Emmanuel, wie sie Lukas 1, 26–38 noch vor Apk 12 benutzt

Es lohnt sich, diese Erörterung mit einer vorhergehenden zu ergänzen, mit einer sehr kurzen und teils neuen Erörterung über die Anklänge in Lk 1, 26–38 an den Emmanuel bei Isaias.
Diese Seiten sind insoweit um so nützlicher, als der Bezug auf den Emmanuel, den wir in Lk 1, 28 entdecken, sich großartig mit dem Bezug harmonisieren läßt, der u. E. der Ausgangspunkt von Apk 12 ist. Hier also sei die Rede von den zwischen Isaias und Lukas entdeckten Kontakten.

Die Einleitung zum Verkündigungsbericht (1, 26–27)

Isaias ist sehr erregt über den Unglauben des Achaz, als er ihm die Niederlage des gegen Juda gerichteten Bündnisses weissagt, das die Existenz der davidischen Dynastie bedrohte, wie aus 7, 8 hervorgeht (die Söhne Tabeels). Auch proklamiert feierlich derselbe Prophet dem Hause David, daß da eine junge, nicht verheiratete Frau, eine Jungfrau, ohne Zutun eines unwürdigen heutigen Sproßen Davids der Welt den Messias gebären wird, den die fundamentale Prophetie Nathans (2 Sm 7) erwarten ließ. Das besagt, der Messias wird nicht einen Menschen zum Vater haben. Und das ist ganz evident eingeschlossen, denn die Jungfrau, die das Kind gebiert, gehört auch dem Hause David an; deshalb wird hier übrigens das Haus David erwähnt: mit dem Zutun dieser jungen Frau ist das Heil gesichert und dies zuerst für die davidische Dynastie.
Das ist genau der Sinn von Lk 1, 26–27. Der Evangelist will einesteils das jungfräuliche Gebären Mariens unterstreichen, der zukünftigen Mutter Jesu, und die jungfräuliche Empfängnis bezeugen, andererseits ebenso

die Zugehörigkeit Mariens zum Hause Davids herausstellen. Das Bestehen auf die Jungfräulichkeit Mariens ist in denselben Fakten begründet. Er gibt an erster Stelle den paradoxen Ausdruck „verlobte Junfrau". Man versteht darunter eine Jungfrau, die, obwohl verlobt, entschlossen ist Jungfrau zu bleiben und die Ehe nicht zu gebrauchen, – was genau das Paradox trifft von der jungen nicht verheirateten Frau, die indes einen Sohn haben muß, in Is 7, 14. Man erinnere sich, die jüdischen Verlobungen hatten schon – übrigens mit verschiedenen Stufen je nach Orten mehr oder weniger – den Charakter einer Heirat[16]. Es gibt sodann an zweiter Stelle das wiederholte Wort „Jungfrau" in der Formel „der Name der Jungfrau" *(onoma autès)*, wo man eher ein einfaches Pronomen erwartet.

Und das ist nicht einmal alles. Gegen die Ansicht der meisten Erklärer und in voller Übereinstimmung mit anderen, z. B. A. Plummer[17], meinen

[16] Zu all diesem vgl. R. Laurentin, Structure et Théologie de Luc 1–2, Paris, 1957, 196 ff. Der Sinn, den wir dem Ausdruck „verlobte Jungfrau" geben, ist uns auferlegt durch die Frage Mariens an den Engel im Vers 34: „Wie soll das geschehen, da ich keinen Mann erkenne?" In der Tat ist diese Frage nur verständlich, wenn Maria den geheimnisvollen Vorsatz einer Jungfräulichkeit für die Verlobten gefaßt hat. Sonst würde uns Vers 34 einer Absurdität gegenüber stellen wie *Lagrange* sie oft bezeichnet und formuliert hat: „Comment une fiancée, fût-elle vierge, peut-elle s'étonner qu'on lui annonce un fils? Dire qu'elle est vierge, c'est ne rien dire, puisqu'elle doit bientôt cesser de l'être" (Evangile selon saint Luc 32).

[17] The Gospel according to St. Luke, Edinburg, 1951, 21; zu Gunsten der Verbindung des Ausdrucks „vom Hause David" in Lk 1, 27 mit der Jungfrau Maria vgl. noch: *W. F. Arndt,* The Gospel according to St. Luke, Saint-Louis, Missouri, 1956, 52; *F. Rienecker,* Das Evangelium nach Lukas, Wuppertal 1959, 19; *P. Gaechter,* Maria im Erdenleben, Innsbruck-Wien-München, 1954, 30–32. P. Gaechter fragt: In einem Bericht, der dazu bestimmt ist, jede Teilhabe Josephs an der Geburt des Heilandes auszuschließen, ist es da wahrscheinlich, daß Lukas die Verbindung Josephs zu David betont hätte? Gegen *A. Médebielle,* für den es sich hier um den „offiziellen, legalen, juridischen Ursprung Jesu" handelt (DBS Bd. 1, Artikel *Annonciation,* Sp. 282) wendet P. Gaechter ein: der legale Gesichtspunkt fehlt im Lukasbericht 1, 26–38 völlig; er ist ganz dafür geschrieben, die übernatürliche Empfängnis Jesu und deren Folgen, die Maria, seine Mutter, betreffen, zu verkünden. Niemand denkt daran, die Meinung des *Chrysostomus* zu übernehmen, wonach die Worte „vom Hause Davids" sich zusammen auf Joseph und Maria beziehen. Hier sind wir veranlaßt zur Meinung von *R. Laurentin* in seinem schönen Buch: Les Evangiles de l'enfance du Christ. Vérité de Noël audelà des mythes, Paris 1982, 403–405, den gegenteiligen Standpunkt einzunehmen. Nach R. Laurentin wäre die davidische Abstammung Jesu rein legal (durch Joseph gesichert). Und die Idee einer davidischen Abstammung von Maria wäre Matthäus und Lukas völlig fremd und von Lukas sogar ausgeschlossen, gemäß dem Maria als Base Elisabeths zur priesterlichen Abstammung gehöre. Lagrange neigte schon eher zur gegenteiligen Ansicht: Evangile selon saint Luc 37–38. Evident, sagt er, konnten Maria und Elisabeth

wir, die Präzisierung „vom Hause David" bezieht sich nicht auf Joseph, sondern wohl mehr auf Maria, und läßt an den Auftrag an das Haus David in Is 7, 13 denken. Lukas mit seinem Interesse an dem weiblichen Stammbaum hat viel mehr Anlaß die davidische Herkunft Mariens zu betonen, für die Mutter des Messias, ohne die der von ihr geborene Messias nicht der Nachkomme Davids ist, der dem auserwählten Volk in so vielen Weissagungen versprochen war, die den Ausspruch Nathans wiederholt und präzisiert hatten.
Ist schließlich nicht dies alles im Bericht der Verkündigung auf Maria bezogen zu sehen? Joseph spielt hier keine Rolle. Er tritt erst im 2. Kapitel auf, und dann trägt der Evangelist Sorge zu bemerken, daß er „vom Hause und Stamme Davids" war (2, 4). Hätte diese Präzision einen Sinn, wenn das Wort „vom Hause Davids" in 1, 27 dies schon ausgesagt hätte? Hätte Lukas geschrieben „eine Jungfrau vom Hause Davids, verlobt mit Joseph", hätte er nicht dieses Paradox, an dem er festhält, „verlobte Jungfrau", zum Ausdruck bringen können.

Der Gruß des Engels Gabriel

Der Engel Gabriel sprach zu Maria: „Sei gegrüßt, Gnadenvolle, der Herr ist mit dir!"[18]. Was wir unterstreichen, ist der verdeckte und geheimnisvolle Bezug der beiden Aussagen: „voll der Gnaden" und „der Herr mit dir": von hier aus leuchtet Apk 12 in einem neuen Licht.

---

zum selben Stamm gehören, in diesem Fall zu Levi, denn Elisabeth gehörte zu diesem Stamm. Aber die Abkommen Levis oder selbst Aarons konnten sehr wohl mit Töchtern Judas verheiratet sein und umgekehrt. Lukas setzt deutlich voraus, daß Maria von David abstammt, denn nur dieser davidische Ursprung wird erwähnt in den Worten des Engels an Maria (Vers 32). „Im übrigen, betont noch *Lagrange,* stellt der Hebräerbrief die Abkunft Jesu aus dem Stamme Juda der ganzen Abstammung des levitischen Priestertums gegenüber (7, 13)." Vgl. noch Röm 1, 3 „stammend dem Fleische nach aus dem Geschlecht Davids"; Apk 5, 5: „Löwe aus dem Stamme Juda", „Sprosse Davids"; Apk 22, 16: „Ich bin ... der Sproß Davids" usw.

[18] Man muß unterstreichen, daß der lukanische Bericht uns zuerst und vor allem auf die Prophetie des Isaias verweist, der zu uns von der persönlichen Mutter des Messias spricht, und nicht, wie man zuweilen heute sagt, von der „Tochter Sion" der Propheten. Kaum wahrscheinlich ist das *chairè* in Vers 28 mit „Freue dich" zu übersetzen in Bezug auf Sophonias 3, 14: „Jauchze, du Tochter Sion!" Wir bringen hier die beiden Bemerkungen des gegenteiligen Sinnes von *W. Grundmann,* Das Evangelium nach Lukas, Berlin 1963, 55–56. Der Gruß *chairè,* also die griechische Form, war in Palästina nicht unbekannt und wurde sogar verwendet, wie man sieht, in Ri 1, 1 und Apg 15, 23. Der von Gabriel an Maria gerichtete Gruß ist um so bemerkenswerter, als Frauen in Israel nicht gegrüßt wurden. Vgl. *Strack-Billerbeck* 2, 90.

Die Worte „voll der Gnaden" sind die Übersetzung des Partizips Perfekt Passiv eines sehr seltenen Wortes *(charitoô)*, das besagen will „mit Gnade erfüllen". Das Partizip drückt den Zustand eines Menschen aus, der auf gesicherte Weise mit göttlicher Gunst überhäuft ist. Das einzige weitere Vorkommen dieses Verbums im Neuen Testament begegnet im Brief an die Epheser (1,6). Paulus spricht zu uns von der Gnade, mit der in seinem ewigen Plan der Liebe „Gott uns begnadet gemacht hat (gratifié) in seinem Geliebten" (Anm. d. Übers.: Kepplerbibel übersetzt „begnadigt"; M. Zerwick: *écharitoôsen* aor. *charitóô tinà = benevolo amore prosequor alqm, benignum me exhibeo erga, gratia (i. e. donis) cumulo.*) Nebenbei: der christologische Titel „Geliebter" (bien-aimée = Liebling) kann ein Anklang an das Hohelied sein.
In der Formel, die wir mit „Der Herr ist mit dir" wiedergeben, gibt es kein Verb; so könnte man auch übersetzen: „Der Herr sei mit dir!" Aber, wie man oft bemerkt hat, ist ein solcher Wunsch verständlich, nachdem behauptet wurde, Maria sei von Gott mit Gnade ganz überhäuft worden? Als alttestamentliche Parallele führt man zuweilen das Wort des Engels Jahwe an Gideon an: „Jahwe mit dir, du tapferer Held!" (Ri 6, 12). Aber abgesehen davon, daß es sich in diesem letzteren Fall nur um einen Wunsch handeln kann, ist zu fragen: Gibt es überhaupt einen Bezug zwischen dem in Lk 1, 26–38 angekündigten Ereignis und der Schlacht, die Gideon, gestärkt durch göttliche Hilfe gegen Midian liefern muß? Gewiß finden sich übrigens Wendungen dieser Art in der Bibel, Wendungen ohne Bezug auf prophetische Weissagungen. Aber hier haben die an Maria gerichteten Worte „Der Herr ist mit dir", wenn wir den Bezug auf Is 13 und den vorhergehenden und nachfolgenden Kontext einbeziehen, alle Chancen, wie auch Lagrange vermerkt[19], auf den in Is 7, 15 so deutlich dem Messias gegebenen Namen hinzuweisen: Emmanuel, d. h. Gott mit uns. Dieser symbolisch trächtige geheimnisvolle Name sagt aus, der Messias werde den Menschen eine außergewöhnliche Gegenwart Gottes einbringen, die im übrigen viele Aspekte haben kann, hier aber so gegeben ist, daß Art und Weise dieser Gegenwart nicht genau bestimmt ist. Man denkt an das Ereignis der Menschwerdung selbst, wodurch Gott sich zu einem von uns machte (vgl. den messianischen Titel „starker Gott" Is 9, 5). Ebenso gibt es den dauernden Beistand des verherrlichten Christus, wie er seinen Jüngern in Mt 28, 20 versprochen wurde: „Ich bin bei euch alle Tage". Man denkt weiter an die letzte Frucht der erlösenden

[19] Evangile selon saint Luc, Paris 1927, 30.

Menschwerdung, beschrieben in Apk 21,3 mit Wendungen: „Neues Jerusalem, Gattin des Lammes: Siehe da das Gezelt Gottes bei den Menschen, er wird mit ihnen zelten, und sie werden sein Volk sein, und er selbst, Gott mit ihnen, wird ihr Gott sein!" Wenn Gott erklärt, er werde mit jemandem sein, dann sagt er seine wirksame Hilfe zu: „Ich bin bei dir und will dich erretten", erklärt er bei Jeremias (1,8).

An dem Emmanuelwort des Isaias ist bemerkenswert, daß der Prophet, der das Land Juda die Heimat des Emmanuel nennt (8,7), das Geschehen des messianischen Gebärens schon als aktuell ansieht, sehr lange Zeit noch vor der Geburt. Liest man nicht auch tatsächlich in Is 8,10, daß alle Pläne, alles aktuelles Reden, was gegen den Plan Gottes, den dieser mit dem auserwählten Volk hegt, geführt wird, dem Untergang verfallen ist? „Beschließt einen Rat, und es werde nichts daraus; beredet euch, und es besteht nicht; denn Gott ist mit uns" (=Emmanuel).

Genau so, scheint es uns, muß man selbst vor der Geburt Jesu eine Verbindung von Ursache und Folge zwischen „Der Herr ist mit dir" und „voll der Gnade" annehmen: „Du bist voll der Gnaden, denn der Herr ist mit dir! Das wird gesagt wegen des Emmanuel, den du gebären wirst!"[20]

Wir können von hier aus „die Frau mit der Sonne bekleidet" in einer neuen Sicht zu erfassen suchen. Wenn sie uns gezeigt wird, wo sie schon triumphiert, bevor noch alle Angriffe erwähnt werden, denen sie seitens des höllischen Drachens ausgesetzt sein wird, dann ist dies dem Kind zu verdanken, das sie zur Welt bringen muß, also dem Emmanuel oder mehr noch dem Messias des 2. Psalmes, der „mit eisernem Zepter alle Völker, die sich gegen ihn erheben, weiden" wird (12,5). Aus diesem Grund kündigt diese Frau das neue Jerusalem vom Ende der Apokalypse an, genau wie Maria, voll der Gnade, überschattet vom Hl. Geist

---

[20] Wenn die Aussage „Der Herr ist mit dir" betrachtet wird als Äquivalent oder Konsequenz aus der vorhergehenden Aussage, wird sie zum banalen Gemeinplatz: es ist doch zu klar, daß der Herr mit ihr ist, wenn Maria mit göttlicher Gunst überhäuft ist! Hingegen hüllt sich dieselbe Aussage in einen geheimnisvollen Sinn, der unerklärt bleibt (es ist das Geheimnis des göttlichen Planes), wenn sie als Seinsgrund erfaßt wird für die Überhäufung Mariens mit göttlicher Gnade: weil der Herr mit ihr ist, deshalb wurde sie so sehr begünstigt: du bist die erste, die die einzigartige Wohltat des Emmanuels genießen kann, und es ist seine Kraft, die dich mit göttlicher Gnade erfüllt hat. Wenn Maria die erste war, die von der Tat des Emmanuel diese Wohltat erhielt und dies auf einzigartige Weise, ist sie ebenso die erste, die an der ganzen (körperlichen und geistigen) Verherrlichung und an der ewigen Herrschaft des Menschensohnes Anteil haben wird, und dies auf eine ebenso einzigartige Weise: diese letztgenannte Wahrheit kommt herrlich in Apk 12 zum Ausdruck.

(Lk 1, 35), die Kirche ankündigt, über die der Hl. Geist in gleicher Weise kommen muß (in beiden Fällen heißt es *eperchesthai*). Ist es also nicht doch richtig, an die tiefe Verbundenheit zwischen dem lukanischen Bericht und der johanneischen Überlieferung zu erinnern?

Die Verkündigung der Geburt Jesu, Vers 31

Das Wort „Siehe du wirst empfangen und einen Sohn gebären und ihn Jesus nennen" (31) findet sich schon vor als Ankündigung der Geburt Ismaels (Gen 16, 11) und als Anzeige der Geburt Samsons (Ri 13, 5). Man könnte daraus auf den Gebrauch einer festen Formel schließen, die bei Voraussagen ungewöhnlicher Geburten benutzt würde. Aber dieselben Worte begegnen noch bei Is 7, 14. Und weil nun einmal der vorhergehende Kontext im Lukasbericht auf diese Weissagung zurückweist, muß man gleiches auch hier annehmen.

In der Tat ist das Kind, das geboren wird, nicht Emmanuel zu nennen, sondern (nach Lk 1, 34) Jesus. Aber Emmanuel ist eine prophetische Bezeichnung mit Bezug auf die Rolle des Messias, die in ihrer ganzen Weite bis zu Jesus hin zu sehen ist, zu dem historischen Namen des in das menschliche Abenteuer eingetauchten Jesus. Der Text des Matthäus beschneidet hier den des Lukas. Wenn 1, 23 der erste Evangelist die Worte des Isaias nach der Septuaginta zitiert, ändert er sorgfältig die 2. Person Singular der griechischen Version („du wirst nennen") entsprechend der 3. Person Singular des hebräischen Textes („sie wird nennen") in die 3. Person Plural um, was viel unbestimmter lautet: „Man wird nennen". Ohne Zweifel will er berücksichtigen, was zwei Verse weiter berichtet wird: bei seiner Geburt hat der Messias nicht den Namen *Emmanuel* empfangen, sonder den Namen *Jesus* (1, 25). Zum Ersatz legen Texte wie Mt 18, 20 und 28, 20 nahe, daß das Versprechen des Heils, das in dem Wort Emmanuel enthalten ist, erfüllt wurde.

Die Ankündigung des ewigen Reiches Jesu, Vers 32–33

„Gott der Herr wird ihm den Thron seines Vaters David geben. Er wird herrschen über das Haus Jakob und seines Reiches wird kein Ende sein" (32–33). Wir haben hier ein *confirmatur*, eine Bekräftigung des in Vers 27 Gesagten: die Worte „vom Haus David" sind auf Maria zu beziehen. Hätte Maria nicht selbst zum Hause Davids gehört, wie hätte dann der Engel sagen können, ihr Kind würde den Thron Davids seines Vaters einnehmen? Ein anderes *confirmatur* ist im Lobgesang des Zacharias nachzulesen (1,69): „Gott hat uns eine Macht (wörtlich: ein Horn) des Heiles erweckt im Hause Davids seines Knechtes". An der Stelle Lk 1,33–34 rufen die Worte des Engels noch einmal die Weissagung vom Emmanuel in Erinnerung, weil sie ergänzen, was in Is 9,5–6 geweissagt wurde als berühmte Geburt des Messias. Denn deshalb hat der Engel die Wendung „Thron Davids" gebraucht. Dennoch ruft der Engel mit der Proklamation eines ewigen Reiches noch mehr ins Bewußtsein, was bei Daniel 7,14 vom Menschensohn geweissagt wurde: Sein Reich ist ein Reich, ewig, das nie vergeht, und sein Königreich hat kein Ende. Noch einmal kann ein Vergleich mit der Apokalypse vorgenommen werden: Wenn das große Zeichen der Frau im 12. Kapitel das Zeichen des Isaias beschwört, wonach Maria die Mutter des Emmanuel ist, so gilt gleichwohl die Verherrlichung dieser Frau als Entsprechung der Herrlichkeit des Menschensohnes in der ersten Vision (Apk 1,12–16).

ZWEITER TEIL

DIE BEZIEHUNG VON APK 12,1 AUF DIE VERHERRLICHUNG DER BRAUT IM HOHENLIED 6,10, UND DIE URSPRÜNGLICHE BEDEUTUNG VON HL 6,10

Untersuchung der alttestamentlichen Vorlage von Apk 12,1; HL 6,10

Wir haben das große Zeichen der Frau, der Mutter des Messias, mit der Weissagung in Is 7,14, die das Zeichen ankündigt, das die Mutter des Emmanuel verheißt, in Verbindung gebracht. Aber die Mutter des Emmanuel ist bei Isaias nicht als eine verherrlichte dargestellt. Nun sind aber, wie wir zeigten, die Einzelheiten der eindeutig symbolischen Beschreibung in Apk 12,1 vor allem dazu bestimmt, die Idee der Verherrlichung nahezulegen. Da ist es nur verständlich, wenn man versucht, vor allem bei einer Schrift, wie es die Apokalypse ist, ständig bemüht die Vorbereitung des Alten Testamentes aufzuhellen, die alttestamentlichen Vorlagen zu erforschen, die die Beschreibung von Apk 12,1 deuten. Die Frau ist mit der Sonne bekleidet wie mit einem Mantel von derselben Art, wie Jahwe selbst zu Anfang des großen Psalmes 104 bekleidet erscheint: „Jahwe, mein Gott, du bist sehr herrlich, du bist schön und prächtig gekleidet, Licht ist dein Kleid, das du anhast!" (Vers 1–2). Mehrere Interpreten kennzeichnen diese Übereinstimmung als eine Lehre von bedeutsamer Wucht und Tiefe, sie lege nahe anzunehmen, diese Frau sei gesegnet mit einer sicheren Teilhabe an der Herrlichkeit der göttlichen Welt. Aber dieser mögliche Kontakt mit dem Ps 104 dispensiert nicht, wenn man den einen Zug isoliert sieht, davon, noch andere Züge zu suchen, die das Gesamtbild von Apk 12,1 verlebendigen.

Eine große Anzahl von Erklärern hat gemeint, als Parallele zu Apk 12,1 den Traum Josephs in der Genesis und ebenso eine Stelle im Testament des Nephtali anführen zu können. In Gen 37,9 sagt Joseph zu seinen Brüdern: „Ich träumte, wie Sonne, Mond und elf Sterne sich vor mir neigten." Im Testament des Nephtali liest man 5,344: „Levi bemächtigte sich der Sonne und Juda des Mondes und beide erhoben sich mit diesen

Sternen. Und weil Levi wie die Sonne ist, schenkt ihm ein Jüngling Palmen. Und Juda leuchtend wie der Mond – unter seinen Füßen gehen zwölf Strahlen aus." Ist dieser Bezug, so manches Mal von Erklärern der Apokalypse vorgelegt, legitim? In voller Übereinstimmung mit H. Gollinger halte ich ihn für problematisch; vielleicht ist es richtiger, ihn kategorisch abzuweisen. Die Apokalypse stellt uns eine Frau vor Augen, die wunderbar umleuchtet ist – was weder der Traum Josephs noch das Testament Nephtalis aussagen. Was hier eine wahre Ähnlichkeit zu suchen anregte, war die gemeinsame Erwähnung des Mondes und der Sonne, verbunden mit 12 Sternen (Traum Josephs), der 12 Palmen und 12 Strahlen (Testament des Nephtali), was an die 12 Stämme des auserwählten Volkes erinnert. Aber im Traum Josephs zählt nur ein Stern, der des Joseph; die anderen 11 Sterne, ebenso wie Sonne und Mond (11 Brüder, Vater und Mutter Josephs) sind ihm untertan. Wenn im Testament Nephtalis die 12 Stämme Israels wohl angesprochen sind, dann geschieht dies im Bild der 12 Palmen und 12 Strahlen und nicht der 12 Sterne. Obendrein ist es nicht evident, wie wir sahen, daß die 12 Sterne der Krone der Frau der Apokalypse sich auf eine genaue Wirklichkeit beziehen. Und selbst, wenn dies in zweiter Linie der Fall wäre, was uns sehr wahrscheinlich erscheint, können sie sich fortwährend weiter auf die 12 Apostel des Neuen Bundes beziehen wie auf die 12 Stämme des Alten Israel.

Es bleiben noch zwei andere alttestamentliche Stellen übrig, angegeben von den Erklärern, allerdings auch die einzigen, die infrage kommen: Is 60, 20 und HL 6, 10.

P. Prigent wertet beide Stellen, während die Mehrheit der Exegeten nur HL 6, 10 vorschlägt. In meiner Studie zu Apk 12, 1 (1955) gab ich Is 66,20 den Vorzug vor HL 6,10. Ich denke jezt das Gegenteil zu tun ist richtiger. Ich muß also vom jeweiligen Wert dieser beiden Vorlagen des Alten Testamentes sprechen.

Die Kapitel 60–62 des Isaiasbuches berichten über das neue Jerusalem, Braut oder Gattin Jahwes (vgl. 62,4–5) und erfreuen sich im Finale der Apokalypse offensichtlich einer sehr bedeutsamen Rolle, dort wo das neue Jerusalem als Braut oder Gemahlin des Lammes dargestellt wird. Wir lesen in Is 60, 19–20: „Die Sonne des Tages soll dir nicht mehr scheinen, der Glanz des Mondes dir nicht mehr leuchten; sondern der Herr wird dein ewiges Licht sein, und die Tage deines Leidens sind zuende." Auf diesen Text gibt 21, 23 in der Apk ihr Echo: „Die heilige Stadt bedarf keiner Sonne noch des Mondes, denn die Herrlichkeit Gottes erleuchtet sie und ihr Licht ist das Lamm", ein Thema wiederaufgenommen in Apk 22, 5: „Nacht wird nicht mehr sein, denn Gott der Herr wird sie erleuchten, und sie werden herrschen von Ewigkeit zu Ewigkeit." Der Text bei Is 60, 3 „Völker wallen zu deinem Licht und Könige zum Glanz, der über dir aufstrahlt" wird in Apk 21, 24 fast wörtlich wiederholt. Ebenso findet Is 60, 11 in Apk 21, 25–26 Nachahmung. Und damit haben wir keineswegs die Liste der möglichen Ähnlichkeiten dieser Art ausgeschöpft.

Dadurch, daß die Frau der Apokalypse 12, 1 mit dem neuen Jerusalem am Ende der Apokalypse in Verbindung steht, ist ebenso der Bezug dieses neuen Jerusalems mit der Vorhersage Is 60–62 gesichert. Doch ist auch ebenso der beachtliche Unterschied der Sichtweise zu betonen. Apk 12, 1 kann nicht absolut mit Is 60, 19–20 in Verbindung gebracht werden, in derselben Weise etwa wie das neue Jerusalem in den letzten Kapiteln der Apokalypse. Tatsächlich wird sich in einem Fall (Is 60, 19–20 u. Apk 21, 21 oder 25, 5) die göttliche Herrlichkeit ganz an die Stelle der von Gott geschaffenen Leuchter setzen, dann in einer ganz neuen Welt, was sich durch die Tatsache erklärt, daß die letzten Kapitel der Apokalypse zur Ewigkeit hervorbrechen, zur eschatologischen Vollendung im strengsten Sinn. Im andern Fall – wir sprechen von Apk 12, 1 – werden die von Gott geschaffenen Leuchten, Sonne, Mond und Sterne, nicht fortgeworfen, sondern aufs beste genutzt, um den Glanz der Mutter des Messias zu erhöhen, ihre Verherrlichung im Laufe der Geschichte der Menschheit[1]. Unter diesen Bedingungen scheint es uns evident, daß für Apk 12, 1 die bessere alttestamentliche Vorlage die Verherrlichung der Braut im Hohenlied 6, 10 ist, wo das Licht der Sonne und des Mondes gleicherweise verwendet wird, die Schönheit dieser einen Frau zu preisen:

„Wer ist's
Die wie Morgenrot niederscheint,
Schön wie der Mond,
Wie die Sonne so klar,
Dräuend gleich einem Heerbann? –"

---

[1] Wie *H. Gollinger* recht gut sagt (Das „Große Zeichen" 81), steht Apk 12, 1 nicht auf derselben Höhe wie das himmlische Jerusalem am Ende der Apokalypse, läßt aber vor allem an HL 6, 10 denken. Dieser Autor hat am besten geholfen, das große Interesse an der Parallele von HL 6, 10 zu verstehen. Im Beitrag zu Mélanges *A. Robert* (oben zitiert) „La Femme couronnée d'étoiles" (Apk 12) schätzt auch *A. M. Dubarle* als sehr bedeut-

Doch nicht allein auf diese Feststellung stützen wir unsere Untersuchung. Der Vergleich der zwei Bibelstellen miteinander verlangt nach Vertiefung. Indem wir fragen, welcher vielleicht der ursprüngliche Sinn von HL 6, 10 ist, betreiben wir diese vertiefte Forschung. Wir können dann weiter fragen, ob es folgt, unter welcher Sicht diese Stelle zur authentischen Erklärung des ganzen Hohenliedes zu verwerten ist, dieses Poems, das so verschieden und oft so befremdlich erörtert wird.

Die Erklärung von HL 6, 10

Trotz der jüdischen Tradition, die das Hohelied im Anschluß an die hochzeitlichen Allegorien der Propheten in Beziehung bringt zum Bund mit Jahwe, dem Bund mit seiner Braut, dem auserwählten Volk, trotz gleicher christlicher Tradition, die in der Braut des Hohenliedes bald die Kirche selbst, bald jede christliche Seele, bald die Jungfrau Maria erblickt, meint heute die große Mehrheit der Erklärer, einschließlich der katholischen, das HL habe nur die menschliche Liebe im Blick, wie sie Mann und Frau zueinander führt. Einige Erklärer fügen noch hinzu, das sei auch, wenigstens unter gewissen Umständen, durchaus richtig: ist nicht die menschliche Liebe eine sehr schöne Wirklichkeit, würdig von einem inspirierten Autor besungen zu werden?

Die große, ständig erhobene Objektion gegen die allegorische Erklärung, ob jüdisch oder christlich in dieser erstaunlichen Dichtung, behauptet, der Sinn des Textes werde vergewaltigt, wenn er in sich genommen uns irgendwelchen ernsten Hinweis auf einen religiös-allegorischen Sinn geben soll.

Nun, wir werden uns bis zur Schlußfolgerung des Gegenteils führen lassen, ausgehend von der objektiven Prüfung von HL 6, 10 und den beiden Paralleltexten, von denen der eine zum vorhergehenden Kontext (6, 4), der andere zum folgenden Kontext gehört (7, 1). Angesichts der legitimen wissenschaftlichen Erfordernisse der aktuellen Exegese wäre es ja der schlechteste Dienst, den man der Sache des HL erweisen würde, wollte man den Literalsinn willkürlich pressen, um eine religiöse Tragweite besser etablieren zu können. Wir werden uns hüten, so zu handeln.

Wer ist also diese Frau, die uns HL 6, 10 vor Augen führt: aufgehend wie

---

sam den Text HL 6, 10 als alttestamentliche Vorlage für Apk 12, 1. *J. McHugh* behauptet HL 6, 10 sei „la source immédiate" von Apk 12, 1: La Mère de Jésus dans le Nouveau Testament, Paris 1977, 461–468.

die Morgenröte, schön wie der Mond, strahlend wie die Sonne, furchtbar wie ein Heer?
Der Lobgesang auf die frauliche Schönheit ist ja das beständige Thema der Liebespoesie aller Zeiten aller Länder. Was hier aber erstaunen läßt, ist der Aufwand der vom Dichter verwendeten Bilder. M. H. Pope, einer der letzten großen Kommentatoren des HL, kann hier nur wiederholen, was mehrere seiner Vorgänger als Frage gestellt hatten[2]: auf der Basis des HL will man oft nur von Hochzeitsliedern wissen. Aber ist es denn wahrscheinlich, daß ein Bauer oder Winzer des Heiligen Landes solche Hyperbeln gebraucht hätte, um seine Braut oder seine Gattin zu preisen? Was noch mehr überrascht, ist die Anfügung der Worte: „dräuend gleich einem Herrbann". Warum dieser drohende Ausdruck, und warum verbunden mit die Schönheit der Braut preisenden Wendungen?
A. Robert bringt eine gewisse Anzahl hypothetischer Auslegungen vor, die er zu diesem befremdenden Phänomen vorschlägt[3]. Z. B. übt die Braut dank ihres Charmes eine wahre Magie aus, eine tyrannische Herrschaft (Delitzsch, Budde, Zapletal); ihre Gegenwart allein, heißt es noch dazu, provoziere den Schrecken und verjage die frechsten Angreifer (Ewald, Grätz). Gleichfalls berief man sich auf stark mutmaßliche Ähnlichkeiten zwischen dem HL und den Hochzeitsfeiern, wie sie im Hauran J. G. Wetzstein, preußischer Konsul in Damaskus, beobachtete. Diese Feste, charakteristisch ob ihrer mit Liedern begleiteten Spiele, zumal das *„wasf"* dauern bis zu sieben Tagen. Am ersten Tag eröffnet die Braut die Festwoche mit einem Tanz, genannt Schwerttanz. HL 6, 10 weise auf eine Einzelheit dieses Tanzes hin: während ein Jungmann versucht, sich der Tänzerin zu nähern, schwingt die junge Frau ein Schwert, um ihn zu vertreiben, und versetzt ihm Hiebe, die ihn verletzen, ja selbst töten können (Siegfried)[4]. Gilt das noch als Anstand, wenn man mit dem HL auf solche Weise verfährt?
Gewiß, weil sie gut verstanden, daß sich das HL nicht Stück für Stück als simples menschliches Liebeslied erklären lasse, griffen gewisse Gelehrte auf kulthafte Entwicklungsphasen zurück und träumten von heiligen

---

[2] The Song of Songs (The Anchor Bible), New York 1977 (4. Aufl. 1983), 573.
[3] Le Cantique des Cantiques, von *A. Robert* und *R. Tournay,* unter Mitarbeit von *A. Feuillet,* Paris 1963, 234.
[4] Zu den 1873 von *J. G. Wetzstein* veröffentlichten Beobachtungen (Die syrische Dreschtafel, in Zeitschrift für Ethnologie 5, 1873, 270–302, aus denen *K. Budde* eine systematische Anwendung auf das HL machen zu könen glaubte, vgl. *A. Robert – R. Tournay,* 51–52.

Hochzeitsfeiern (Heirat der Götter und Göttinnen). Man dachte z. B. an den Kult des Tammuz, des Gottes des Wachstums, und der Ishtar, der Göttin sowohl der Liebe wie des Krieges, deren Kult in Mesopotamien und Syro-Phönizien blühte und zuweilen bis nach Israel vordrang[5]. Für diese erotisch-kultische Exegese plädiert der Kommentar von M. H. Pope; frühere Arbeiten anderer verwertend schlägt er vor, HL 6, 10 auf folgende Weise gerecht zu werden:
Der Text erzählt uns von der Göttin Ishtar, die doppelt charakterisiert wird – als eine sehr große Schönheit und als Terroristin. Sowohl ihr Bild wie ihre Priesterinnenfigur sind aufgestellt gewesen. Die Anwesenden defilieren vor ihr und grüßen sie mit allen Ausdrücken, die zu der doppelten Aufgabe passen, denn sie wird ja hochgeschätzt als Herrscherin über Liebe und Krieg. Hier stellen wir nochmals die Frage: Ist es nicht ungehörig, mit HL 6, 10 so umzugehen?
Nach dieser „Erklärung" erwähnt M. H. Pope die jüdischen und christlichen Auslegungen[6]. Aramäisch geschrieben und in einer späteren Epoche verfaßt (vielleicht erst im 7. oder 8. Jahrhundert unserer Zeitrechnung) spricht der Targum des HL den Ausruf HL 6, 10 den heidnischen Nationen zu, die erstaunen ob des Glanzes und der Kraft des auserwählten Volkes. Wenig später als Targum und fast ganz hebräisch gefaßt meint auch die Midrash Rabbah über das HL, 6, 10 beziehe sich auf Israel, und nähert diesen Text an anderen Stellen der Hl. Schrift an[7]. Die Christen haben HL 6, 10 oft verwendet, indem sie diese bewundernde Aussage vor allem der Kirche zuschrieben, doch auch der Jungfrau Maria. Pope erwähnt die allegorische Phantasie des Honorius Augustodunensis von Regensburg (12. Jh.), der im HL einen Bezug auf die verschiedenen Phasen der Existenz der Kirche entdeckt: die Morgenröte entspricht der Epoche der Patriarchen, der Mond der Herrschaft des Moses, und die Sonne dem vollen Licht der evangelischen Offenbarung.

---

[5] Wir können hier nur auf die sorgfältig gesammelte überfließende Dokumentation verweisen bei *R. Tournay* in Le Cantique des Cantiques, von *A. Robert* und *R. Tournay*, 352–377.

[6] The Song of Songs, 373–374

[7] *P. Joüon* macht diese wichtige Beobachtung zu Midrash Rabbah: „Le fait que des explications de détail, parfois très disparates, s'inspirent toujours du même thème allégorique fondamental, à savoir l'histoire d'Israel, montre qu'il existait un fonds d'idées traditionelles qui s'imposait aux prédicateurs et aux exégètes. Les thèmes qui reviennent le plus souvent sont les événements le l'Exode, l'arche, le tabernacle et le temple, la loi, Moïse, le Messie" (Le Cantique des Cantique. Commentaire philologique et exégètique, Paris 1909, 39).

Die alte jüdische Exegese und die alte christliche zum HL liefern zu diesem Buch nur allgemeine Angaben. Sie laden uns gewiß ein, den Schlüssel vor allem in der Bibel zu suchen. Aber oft sind sie sehr wenig passend, in jeder Hinsicht Ergebnis langsamer mühseliger Arbeit – sie bringen uns nicht vorwärts. Um zur wahren Bedeutung dieser verwirrenden Schrift durchzustoßen, muß man vor allem bei der lebendigen religiösen Tradition anfragen, in deren Schoß sie entstanden ist, und bei anderen klareren Schriften, die alle Möglichkeiten besitzen als fast zeitgenössisch mit dem HL, mit ihm die genauen Themen gemeinsam haben und ähnliche Sehnsüchte wecken. Wir denken z.B. an das herrliche messianische Gebet Is 63,7–64,1 und an die Kapitel 60–62 desselben Is. Buches.
Wir möchten diese letzten Kapitel, von denen wir oben schon gesprochen haben, näher befragen. Können sie uns dazu dienen, die paradoxale Sprache von HL 6,10 zu erhellen, die Zuschreibung einer übermenschlichen Schönheit und einer Kraft, die sie allen Angreifern furchtbar macht?
Abgesehen von der Beschwörung der Sonne und des Mondes in Is 60, 19–20, eine Heranziehung, die, wie wir oben sagten, stark von der Wendung in HL 6,10 abweicht, gibt es zwei Züge in der Beschreibung des Neuen Jerusalem in Is 60–62, die den so befremdenden Text HL 6,10 erhellen können. Zuerst die Stelle von der unerhörten Herrlichkeit, der heiligen Stadt von ihrem göttlichen Bräutigam verliehen, von dem Bräutigam, der auch ihr Erbauer ist, wie in Is 62,5 gesagt wird: „Ich mache dich zum ewigen Stolz, zur Wonne für alle Geschlechter!“, so erklärt er ihr und beschreibt ihr den zukünftigen Glanz. Er gibt dann zweitens dieser Stadt die außergewöhnliche Macht, vor ihr werden alle Feinde zittern, wie ein Vers zuvor betont wird: „Tiefgebückt kommen zu dir die Söhne deiner Bedrücker, deine Verächter fallen dir alle zu Füßen“ (60,14).
Wenn man im übrigen sich erinnert, daß im HL 4,4 von der Vielgeliebten gesagt wird:

„Dein Hals gleicht einem Davidsturm
Mit Mauerkränzen bewehrt –
Tausend Schilde hangen daran,
Schilde von Helden nur“, –

eine unbegreifliche Bildersammlung, wenn es sich um eine wirkliche Frau handelt. Wir begreifen, daß wir in Is 60–62 die ganz exakte Entsprechung zur Schönheit und unbesieglichen Kraft erkennen, die der

Braut des HL zugeteilt ist. Hinzuzufügen ist: in beiden Fällen wird vor dem Hintergrund dieser bezaubernden Bilder eine historische Situation vorausgesagt, die nichts Glänzendes an sich hat[8]. A. Robert kommentiert, daß HL 6, 10 ebenso wie 4, 4 diese historische Situation in die ersten Anfänge der nachexilischen Epoche verlegen, als der so erhoffte Wiederaufbau noch sehr unvollkommen gelang: Die Nation nach Palästina zurückgeführt ist zwar schön geblieben, sie ist ihren Feinden nicht weniger gefährlich. Seit so langer Zeit vom Ausland unterdrückt, ausgesetzt dem Haß der kleinen Völker ringsum, von Parteien zerrissen, rechnet sie ganz damit, mit dem Überfluß und dem Glück der eschatologischen Zeit ihre Unabhängigkeit und Machtfülle der Zeiten Davids und Salomos wiederzuerlangen[9].

Eine Bekräftigung: HL 6, 4 und 7, 1

Allen, die vorstehenden Erklärungen mit Skepsis begegnen, raten wir, den Text HL 6, 4 zu meditieren, der ganz parallel zu 6, 10 lautet:

„Schön bist du, meine Liebste, wie Thersa,
Wie Jerusalem lieblich,
Dräuend gleich einem Heerbann“[10].

Zu den vielen Ähnlichkeiten, die der Verfasser des HL hier gebracht hat, einige Bemerkungen.

In 6, 4 wird die Schönheit der Braut des HL merkwürdig mit der Schönheit zweier Städte verglichen, *Thersa* und *Jerusalem*. Das hat schon die alten Übersetzer erstaunen lassen. Nun konnten sie die Erwähnung Jeru-

---

[8] In Is 60–62 wie im ganzen HL lassen die bezaubernden und paradiesischen Beschreibungen einen nicht aufmerksamen Leser nicht merken, daß der historische Vollzug lange dauert. *J. Marty* sagt hier zu Is 60: „Le contraste, non expressément formulé, entre le présent vècu et l'avenir décrit par anticipation, nous place en présence d'une Jérusalem ravagée, livrée vraisemblablement à des maîtres étrangeres (60, 15), exposée à des surprises et à des violences (60,18). Le Temple existe: cela résulte des vv. 7 et 13 avec une probabilité voisine de la certitude, mais les mêmes textes donnent à penser que c'est encore un édifice des plus modestes, depourvu d'ornementation, et que la rigueur des temps entraine la pénurie des sacrifices“ (Les chapitres 56–66 du livre d'Isaïi traduits et commentés, Paris 1924, 71).

[9] Le Cantique des Cantiques, 234.

[10] Daß die Worte „dräuend gleich einem Heerbann“ eine für Vers 10 geborgte Glosse ist, wird von einer gewissen Zahl Erklärern vorausgesetzt. *A. Robert* ist geneigt, ihnen Recht zu geben „a cause du mètre“, betont aber, daß es sich nur um eine Hypothese handelt (Le Cantique des Cantiques, 233).

salems nicht unterschlagen, da diese ihnen helfen konnte, die parallele Erwähnung von Thersa aufzudecken, das ja auch eine Hauptstadt war. Trotzdem haben die Übersetzer die Entsprechung und die komparative Partikel *(k)* nicht beachtet, sondern als Parallele zu Jersusalem einen allgemeinen Namen oder sogar ein Adjektiv eingesetzt (in der LXX *hôs éudokia*, in der Vulgata *suavis*).

Nun wird sehr häufig im Alten Testament eine Stadt mit einer Frau oder mit einem jungen Mädchen verglichen. Noch vertrauter war den Bibellesern der Vergleich einer schönen Stadt mit einer schönen Frau. Wie fremd mußte sie anmuten der umgekehrte Vergleich, der einer schönen Frau mit einer schönen Stadt? Weil man also, heißt es, schöne Frauen nicht mit schönen Städten vergleicht, ersetzt T. H. Cheyne „wie Thersa" durch „wie Narzissen" und „wie Jerusalem lieblich" durch „wie die Lilien des Feldes". In einer Studie über moderne Parallelen in Palästina zum HL stellt S. H. Stephan fest, daß man nie eine direkte Angleichung dieser Art zwischen einer jungen Frau und einer Stadt findet. K. Budde sieht die Worte „wie Thersa" und „wie Jerusalem" als Glossen an[11]. A. E. Ehrlich legt nahe, Thersa mit einer weiblichen, damals gefeierten Schönheit gleichzusetzen, wie es in Numeri 26,33 und 27,1 gegeben war.

Thersa ist tatsächlich ein Mädchenname, was mit guter Logik dahin führt, auch den Namen Jerusalem zu unterdrücken und hier die Verderbnis eines anderen Mädchennamens anzunehmen (vgl. 2 Ri 15,33: Yerusha, Tochter Sadoks[12]. M. H. Pope schlägt vor, auf die ugaritische Sprache und Literatur zurückzugreifen, um den Originaltext wiederherzustellen, der die Erwähnung Jerusalems nicht enthalten und nur gesagt hätte: „Du bist schön, meine Liebste, wahrhaft charmant, schön und dräuend mit deinen Trophäen"[13].

Wie soll man angesicht der Häufung von Hypothesen nicht skeptisch werden? Längst hat R. Dussand diese Beobachtung des gesunden Menschenverstandes formuliert: „Man muß zögern denen anzuhängen, die ohne durchschlagenden Grund einen tadellos überlieferten Text korrigieren wollen. Daß das Bild bizarr und unerwartet scheint, bezeugt doch

---

[11] Die Zitate stehen bei *T. K. Cheyne*, Enzyclopedia Biblica, Artikel Canticles, Sp. 692; *S. H. Stephan*, Modern Palestinian Parallels to the Song of Songs, in Journal of the Palestine Oriental Society, 1922, 18; *K. Budde*, Das Hohelied erklärt, Freiburg 1898, i. h. l.

[12] Zu den Einzelheiten, die wir noch bringen: *W. Rudolph*, Das Buch Ruth. Das Hohelied. Das Klagelied, Gütersloh 1962, 163; *R. Gordis*, The Song of Songs, New York 1954, 90.

[13] The Song of Songs, 559.

einfach seine Echtheit!"[14] Wer den Text schrieb, hätte der in der Tat eine so erstaunliche Lesart erfinden können? Im übrigen sollte eine gewisse Unterscheidung zwischen der Erwähnung von Thersa und der von Jerusalem vorgenommen werden. Das Rühmen der Schönheit Jerusalems ist ein wohlbekanntes biblisches Thema. In den Klageliedern fragen die Vorübergehenden ironisch nach seinem Los und schütteln den Kopf: „Ist das die Stadt, die als schönste man rühmte, / Der ganzen Welt Wonne?" (2, 15). Man kann sich noch berufen auf Is 33, 20; Ps 48, 13; 50, 2; 122, 2–3 ... Aus den Psalmen 48 und 122 geht deutlich hervor, daß die Schönheit Jerusalems vor allem darin liegt, daß sie die Stadt des Tempels, das religiöse Zentrum des auserwählten Volkes ist.

Nichts dergleichen kann von Thersa gesagt werden. Warum wird sie im HL 6, 4 erwähnt, wo die Bibel im übrigen nirgendwo sonst auf diese Stadt, die ohne Ruf geblieben ist, aufmerksam macht? Wir wissen von dieser alt-kananäischen Stadt, daß sie Hauptstadt des Nordreiches nach der Spaltung wurde (1 Kg 14, 17; 16, 23 ff.) und es bis auf Omri blieb, der Samaria zur Hauptstadt machte. Es ist diese Stadt, Samaria, die bald als die Stadt angesehen wurde, die neben Jerusalem in HL 6, 4 erwähnt wird. Preist nicht auch eine Stelle bei Isaias ihre Hoheit? In einer Weissagung kurz vor dem Fall Samarias (721) vergleicht der Prophet das auf dem Hügel gebaute Samaria mit einer Blütenkrone, mit welcher sich bei Festmählern die Feiernden bekränzen (Is 28, 1).

Der Text HL 6, 4 erscheint also auf den ersten Blick unbegreiflich. Deshalb versuchten viele Erklärer verschiedenste und willkürliche Korrekturen. Ist die Braut eine wirkliche Frau, läßt sich nicht ganz erklären, warum ihre Schönheit hier mit der Schönheit dieser zwei Städte zu vergleichen ist. Und wenn man streng genommen verstehen kann, daß die Schönheit Jerusalems beschworen wurde, dann scheint aber die Beschwörung der Schönheit einer so unbeachtet gebliebenen Stadt wie Thersa ein unlösbares Rätsel zu bleiben.[15]

Um den schwierigen Text von HL 6, 10 zu erklären, haben wir die Isaias-Prophetie benutzt, die von dem neuen Jerusalem, der Braut Jahwes spricht. Wir haben besonders daran gedacht, weil diese Prophetie uns deren übernatürliche Schönheit und unbesiegliche Stärke voraussagt. Jetzt, um dem viel schwierigeren Text von HL 6, 4, offensichtlich paral-

---

[14] Le Cantique des Cantiques, Paris 1919, zitiert bei *A. Robert – R. Tournay*, Le Cantique des Cantique, 232.

[15] Song of Songs, 606. In einer Rezension des Werkes von *Pope* kritisiert *R. Tournay* scharf diese Beziehungen: Revue Biblique 1979, 198–199.

lel, Rechnung zu tragen, greifen wir auf dasselbe prophetische Thema der Brautschaft Jahwes zurück, doch mit der Präzisierung: die Braut Jahwes hier ist nicht die hl. Stadt Jerusalem, begriffen als Synthese des auserwählten Volkes, sondern das ganze auserwählte Volk, dessen Brautschaft gemäß Osee und Jeremias in der Wüste zur Zeit des Exodus stattfand (Os 2, 16–17; Jer 2, 2). Wenn der Verfasser des HL die Schönheit der Braut mit den zwei Hauptstädten des Nordreiches (Thersa) und des Südreiches (Jerusalem) vergleicht, ruft er die Spaltung ins Gedächtnis, vielmehr daß jeder Riß der Spaltung dann als verschwunden erachtet wird, denn die mystische Braut hat ihre Einheit ebenso wiedergefunden, wie sie diese so viele prophetische Verheißungen haben hoffen lassen; zitieren wir wenigstens einige: Is 11, 12–13; Jer 3, 13; 31, 27–28; Ez 16, 53–55; 37, 15–28; Zach 9, 10 usw. Wenn hier Thersa und Samaria gefragt sind, dann deshalb, weil der Verfasser des HL sich an den halb heidnischen Ursprung der Samaritaner erinnert (2 Kg 17, 24–31) und an ihre Feindseligkeit gegen die ersten Heimkehrer. Die tiefe Abneigung gegen Samaria ist gleichfalls in Sir 50, 25–26 und bis ins Neue Testament bezeugt (Mt 10, 5; Lk 9, 52–55; Jo 4, 9; 8, 48).

Ein Schlüssel, mit dem es gelingt, Türen zu öffnen, die sonst verschlossen bleiben, ist ein guter Schlüssel. Das gilt für den Rückgriff auf die prophetische Allegorie der Ehe in Hinblick auf die Identifizierung der Braut des HL. Wir zitieren noch ein neues Beispiel, das den Wert des Schlüssels bestätigen mag. In 7, 1 fragt die Braut: „Was wollt ihr denn schauen an Sulamith? / Wohl den Doppelchortanz?" (Zuweilen übersetzt man, wobei *mahanaim* als Name einer Stadt verstanden wird, mit „Tanz wie ein Chor von *Mahanaim*". Wir ersparen unseren Lesern das Exposé dieses Thesaurus von Genialität, der aufgehäuft wurde, um dieser Stelle gerecht zu werden, die hoffnungslos dunkel zu sein scheint. Berichten wir nur die letzte Erfindung, die von M. H. Pope, der hier die ugaritische Mythologie um den Götzen Baal und die Göttin Anat intervenieren läßt. Nun, es erscheint richtig, hier ganz einfach eine neue Wendung desselben schon in 6, 4 begegnenden Themas anzunehmen: die Hoffnung nämlich, daß die im Schisma verlorene Einheit wiedergefunden wird, eine Hoffnung, die die Braut Jahwes hegt.

Darum hier eine kurze Erörterung von HL 7, 1 in voller Harmonie mit den Texten 6, 4 und 6, 10[16]. *Mahanaim* ist zuerst der Name einer Stadt

[16] Wir geben hier nur das Wesentliche wieder, wie es *A. Robert*, Le Cantique des Cantiques aufgezeigt hat, 251–254.

von Galaad nahe Yabboq, die Jakob durchzog, als er von Mesopotamien zurückkehrte. Aber hier weckt das Wort etwas anderes. In Jer 31,4 schwingt die Tochter Israels ihr Tamburin und zieht aus im fröhlichen Reigen: es handelt sich um die Heimkehr des auserwählten Volkes nach Sion aus langer Gefangenschaft. Übrigens erzählt man uns, wie nach zwanzig Jahren Dienst bei Laban Jakob Palästina wieder betritt und zwar über *Mahanaim.* Denn in den Versen 8,9–10 ist dieses Wort mit dem Dualismus *mahanaim* in Verbindung gebracht, was nämlich „zwei Lager" bedeutet. Um dem drohenden Angriff Esaus zuvorzukommen, hatte Jakob sein Volk in zwei Truppen geteilt, auch die Kinder, Ochsen und Kamele, da er sich sagte: Wenn Esau das eine Lager angreift und schlägt, wird das andere Lager entrinnen können. Darauf bat er Gott um Hilfe, und sein Gebet war zuerst wie eine Danksagung formuliert: „Nur mit einem Wanderstab habe ich den Jordan dort überschritten, und jetzt bin ich im Besitz von zwei Lagern." Der Verfasser des HL wird die Analogie zwischen den beiden Situationen begriffen haben: Jakob auf der Rückkehr zum Heiligen Land unter der Gestalt von zwei Lagern nach langer Knechtschaft, und die beiden Königreiche Israels zerrissen im Schisma kehren beide zurück aus Babylon, jetzt aber willens nur ein einziges Reich zu bilden, denn Israel wird endlich die verlorene Einheit wiederfinden.

Vergleich zwischen Apk 12,1 und HL 6,10; Anwendung von HL 6,10 auf die Mutter Christi

Wir haben jetzt auf die Beziehung der Apk zur Braut des HL zurückzukommen. Aus der langen Darstellung ergibt sich zuerst das Wichtigste: diese Beziehung erstreckt sich in perfekter Übereinstimmung mit dem religiösen ursprünglichen Sinngehalt des HL. Dieser religiöse Gehalt ist nicht ganz – obwohl das heute oft behauptet wird – die Frucht einer allegorischen Interpretation, die dem Text künstlich aufgepreßt wird, der ursprünglich rein profan, ja sogar erotisch ist. Die Braut des HL ist ohne jeden Zweifel, wir sagen sogar „ausschließlich" die mystische Braut Jahwes, wie sie die Propheten gefeiert haben[17]. Die letzten Kapitel der Apk

[17] Wir haben hier nicht im einzelnen eine neue Hypothese zu diskutieren, die *R. Tournay* aufgestellt und wodurch er die Ansicht sehr verändert hat, die er vordem im Gefolge von *A. Robert* vertrat: *R.J. Tournay,* Quand Dieu parle aux hommes le langue d'amour. Etudes sur le Cantique des Cantiques, Paris 1982. Wir sagen nur, daß diese neue Hypothese mit den Beobachtungen, die wir oben zu den Texten HL 6,10; 6,4 und 7,1 gebracht haben, schwer zu vereinbaren ist.

handeln von der Hochzeit des Lammes und blicken gewiß nur indirekt auf das HL zurück, nur entsprechend dem, daß die Apk mit den Kapiteln 60–62 des Isaiasbuches übereinstimmt, wo das neue Jerusalem, Braut oder Gattin Jahwes geweissagt ist. Hingegen – und das ist vor allem zu sehen – scheint es allein HL 6, 10 zuzukommen, auf Apk 12, 1 hinzuweisen. Schließlich wird hier, wie in Is 60–62 und im Schluß der Apk die heilige Stadt als die gefeierte Braut herausgestellt wird, ebenso in HL 6, 10 wie in Apk 12, 1 eine Frau, nicht eine Stadt verherrlicht. Allein der Text HL 6, 10 ergänzt durch HL 6, 4 und 7, 2 zwingt uns, in dieser Frau die symbolische Darstellung des ganzen auserwählten Volkes zu sehen, wunderbar gerettet und gestärkt durch ihren göttlichen Gemahl.

Wir haben nunmehr unsern Vergleich zwischen HL 6, 10 und Apk 12, 1 zuende zu führen. Wir zeigten an HL 6, 10, wie die Schönheit der mystischen Braut zusammen mit ihrer Stärke, die sie furchtbar macht, gepriesen werden. In Apk 12, 1 wird ähnlich eng an die Verherrlichung der Frau und Mutter des Messias der Gedanke an ihren Sieg angeschlossen. Diese Idee wird zuerst mit dem Symbol der Krone wiedergegeben. Noch deutlicher wird sie im folgenden Kontext vorgestellt. Wir sehen die Frau vom höllischen Drachen bedroht, aber auch triumphierend über die Angreifer in ihrer Aufgabe als neue Eva. Auch stellen wir fest, wie Gott sie beständig und ganz besonders in seinen Schutz genommen hat.[18]

Da wir in unserem ersten Teil zeigen konnten, daß man entgegen den heute zumeist gängigen Auffassungen das 12. Kapitel der Apokalypse an erster Stelle auf die Mutter Christi beziehen muß, die im 7. Kapitel bei Isaias verheißen ist, haben wir uns jetzt zu fragen: Bis zu welchem Punkt darf der Text des HL auf die Jungfrau Maria ausgedeutet werden?

Man kennt seit den Kirchenvätern, dann in der anschließenden Tradition eine dreifache Auslegung des Hohenliedes: auf die Kirche, auf die Jungfrau Maria, auf die individuelle Seele. In dem Maß, als das Poem sich auf die vergangenen Treulosigkeiten der mystischen Braut Jahwes bezieht, wird es nicht von Maria zu verstehen sein und paßt hingegen wundersam auf die Heiligen wie Maria Magdalena, deren brennende Liebe die Fehler der Vergangenheit sühnt. Aber meistenteils beschreibt der Verfasser die volle Wiederherstellung des auserwählten Volkes und nimmt sie vorweg, als wenn sie schon erfolgt wäre. Er setzt voraus, daß die Sünden völlig vergeben wurden, so daß er vermeidet, sie ausdrücklich zu benen-

---

[18] Zu dieser Frage ziehe man die Angaben im Kommentar von *A. Robert* und *R. Tournay*, 26–28, heran.

nen. Im Gegenteil, in Übereinstimmung mit den Prophetentexten, die ihm als Quelle dienen (bes. Os 2, 21–22; Is 54, 6–10; Jer 31, 34–35) läßt er „an zwei Verlobte denken, die einander mit dem Sturm der ersten Liebe anhängen".[19] Auch wird uns die Braut ideal geschildert:

„Ganz schön bist du, meine Freundin,
Kein Fehl ist an dir" (4, 7),

und selbstverständlich wird ihre Verherrlichung, die wir in 6, 10 beschrieben finden, im selben Glanz ausgemalt.

So gelesen kann das Hohelied evident auf die Kirche angewendet werden, wenigstens in dem Maß, als Christus, ihr Bräutigam, dieses will: „Herrlich wollte er die Kirche für sich selbst darstellen, ohne Makel, ohne Runzel oder andere Fehler; heilig sollte sie vielmehr sein und ohne Fehl" (Eph 5, 27).

Mit viel mehr Recht kann das HL unter diesem Aspekt für Maria selbst verstanden werden. Dann werden die Dinge ebenso erfaßt, wie die Liturgie zahlreiche Texte für die Marienfeste herangezogen hat. Was ist auch selbstverständlicher als, wie es z. B. die Liturgie getan hat, die Verherrlichung der Braut des HL 6, 10 mit der Verherrlichung der Mutter Christi in Apk 12, 1 zusammenzubringen? Die Exegese, die wir für das Zeichen der Frau in Apk 12 präkonisiert haben, ausgehend und zuerst vor allem von den Isaiaszeichen der Jungfrau, Mutter des Emmanuel, führt uns zur Schlußfolgerung, daß die Apk uns das erste Beispiel der Anwendung einer Stelle des HL auf Maria gegeben hat. Wir stellen fest, diese Anwendung ist eine der glücklichsten und erhellt mit neuem Licht die Lehrabsichten des Johannes.

Gewiß will er uns in der „Frau mit der Sonne bekleidet" vor allem die Mutter Christi persönlich erblicken lassen. Aber gleichzeitig legt er nahe, daß sie in gewisser Weise auch die Braut Christi ist, insofern sie uns in 12, 2. 5. 17 gezeigt wird, geheimnisvoll mit dem einzigen Erlöser in der schmerzensreichen Geburt auf Kalvaria verbunden, in der Geburt des neuen Gottesvolkes. Auch auf diese Weise, nicht nur in der Herrlichkeit von Vers 1, erscheint sie als prophetische Ikone der eschatologischen Braut des Lammes, als vollendete Kirche am Ende der Zeiten, wie sie die letzten Kapitel der johanneischen Offenbarung beschreiben.

---

[19] *A. Robert*, La Saint Vierge dans l'Ancien Testament, in Maria. Etudes sur la Saint Vierge, veröffentlicht von *H. du Manoir* I, Paris 1949, 33.

Um zu begreifen, wie so viele gewaltige Dinge zum Ausdruck kommen, oder wenigstens sinnvoll aus der Vision der Frau im Apk 12, 1 allein gedeutet werden können, wenn auszugehen ist von der historischen Mutter Jesu, muß man an den synthetischen Charakter der prophetischen Visionen erinnern: das göttliche Licht zeigt vereint und nur im göttlichen Plan Personen und Ereignisse, die im Abrollen der Geschichte getrennt gesehen werden müssen.

DRITTER TEIL

ZWEI BESONDERS HEISSE PROBLEME: WIE SOLL MAN DIE APOKALYPSE, UND WIE DAS HOHELIED LESEN?

Angenommen unsere Untersuchung des 12. Kapitels der Geheimen Offenbarung und seiner alttestamentlichen Vorlagen ist solide, dann führt sie zu Ergebnissen, die wie uns scheint, einen Fortschritt darstellen, sei es in der Erklärung des Kapitels, sei es in der Exegese der drei besonders verwirrenden Stellen des Hohenliedes, die wir erklärt haben: die eine durch die andere. Der Exeget und der Theologe haben gewiß Besseres zu tun, als ihre Zeit mit Bekämpfen der Irrtümer zu verbringen. Sie sollen in der Kirche ein besseres Verständnis des unerschöpflichen Wortes Gottes fördern, das uns geschenkt wurde wie eine Schatzkammer, die es zu nutzen gilt. In unserem dritten Teil wollen wir einige kurze Beobachtungen vorlegen, die uns geeignet scheinen, rechtem Lesen und Verstehen dieser beiden biblischen Bücher den rechten Weg zu weisen. Von allen anderen Büchern der Hl. Schrift sind ja die schwierigsten die Apokalypse und das Hohelied.

Bermerkungen zur Struktur der Apokalypse

Sprechen wir zuerst von der Apokalypse. Da dieses Buch sehr dunkel gehalten ist, war es ganz dazu bestimmt wie ein Forschungsgebiet das Genie der Exegeten einzuüben, zumal wo außerbiblische Vergleiche möglich erschienen. Der Gegenstand der vorliegenden Studie verlangt nun, daß wir uns genauer mit der „Frau mit der Sonne bekleidet“ beschäftigen. Schon der Kommentar von E. B. Allo schenkte uns einen langen Exkurs über die angeblichen jüdischen, astronomischen und mythologischen Ursprünge dieser Vision[1]. Zwei neuere katholische Bei-

[1] Vgl. *B. Allo,* L'Apocalypse, Paris 1933, 187–199.

träge wenden dieselbe exegetische Methode an. Nach A. Vögtle erklären die Kommentatoren der Apk sehr ungenügend das erstaunliche Faktum: Johannes präsentiert uns die Frau Kirche als Mutter Christi. Dieses Einzigartige komme daher, daß der Seher seine christliche Botschaft den griechischen Mythen der Letho angepaßt habe, Letho von Zeus geschwängert und vom Drachen Python verfolgt. Sie weiß in der Tat, daß eines ihrer zwei Kinder (Artemis und Apollo), die Letho zur Welt bringt, den Drachen angreifen und töten wird, was Apollo dann auch vier Tage nach seiner Geburt tut[2]. H.D. Saffrey übernimmt dieselbe Hypothese und ergänzt sie derart, daß sie zuerst verführerisch anmutet: er zieht eine griechische Inschrift des zweiten Jahrhunderts heran (Epigramm zu Ehren der Wasserträgerin Vera), aus der sich die Existenz des Artemiskultes auf Patmos nachweisen läßt[3].

Bei aller Anerkennung des Umstandes, daß der Mythos Letho-Python viel partielle Ähnlichkeiten mit der Frau und dem Drachen der Apk bietet[4], hält Allo es für unwahrscheinlich, daß es sich um eine Entlehnung handelt. In seinem Kommentar nimmt P. Prigent dieselbe Haltung an[5] und stellt die weiterbleibende Frage: Warum auf unsaubere Quellen zurückgehen, wenn die biblischen ausreichen, allem genügend Rechnung zu tragen? Doch ist eine sehr wichtige Konzession zu machen.

Einmal angenommen, die Frau der Apk ist - entweder ausschließlich oder doch an erster Stelle - die „Tochter Sion" der Propheten oder der christlichen Kirche, dann befremdet es, wenn sie uns als persönliche Mutter des Messias hingestellt wird. Nie oder fast nie hat es - weder in der Bibel noch im Judentum - ein Kollektiv gegeben, was die persönliche Mutter des Messias dann wäre. Was die christliche Kirche betrifft, so wurde sie geboren - weit davon entfernt Christus geboren zu haben - gemäß dem ganzen Geschehen im Neuen Testament in Christi Passion und Auferstehung. Hierzu besitzen wir eine kostbare *Confirmatio* unserer rechten Exegese von Apk 12, wie wir sie verteidigt haben: Wenn es wahr ist, daß die „Frau mit der Sonne bekleidet" an erster Stelle als Mutter des Emmanuel von Is. geweissagt wurde als das außergewöhnliche Zeichen, dann hat die oben erwähnte Objektion von A. Vögtle jede Bedeutung verloren.

[2] Mythos und Botschaft in Apokalypse 12, in Tradition und Glaube. Festgabe für *K. C. Kühn,* 1972, 395–415.

[3] Relire l'Apocalypse à Patmos, Revue Biblique, 1975, 395–417.

[4] L'Apocalypse, 197.

[5] L'Apocalypse de saint Jean, 179–182.

Mit Grund besteht P. Prigent auf den inneren Zusammenhang in der Apk und zumal auf die Parallele zwischen Kap. 11 und 12. Beide Visionen scheinen sich auf dieselbe Periode der Heilsgeschichte zu beziehen und sie auf gleiche Weise zu charakterisieren, genau wie die heilige Stadt und die beiden Zeugen im 11. Kapitel wird die Frau des 12. Kapitels gleichzeitig bewahrt und verfolgt. Dieselben symbolischen Zahlen werden in beiden Fällen auf die Epoche der gleich gesehenen Heilsgeschichte verwendet: 42 Monate (11,2), 1260 Tage (11,3) und 1260 Tage (12,6); vgl. die Zeiten, eine Zeit und die Hälfte einer Zeit (11,4). Bestärkt durch diese Feststellungen fragt sich Prigent, welch neue Erkenntnis Kap. 12 auf Kap. 11 bringt, denn man nimmt nur mit Mühe an, daß es sich um eine doppelte Wendung handelt. Da es sich nicht um die Frau der Kirche handeln kann, müßte die Neuheit auf den Ursprung der unreduzierbaren Feindschaft hinweisen, der die Christen zum Opfer fallen. Im 11. Kapitel wird dieser Ursprung nur in Vers 7 flüchtig erwähnt: „das Tier, das aus dem Abgrund steigt“. Das 12. Kapitel läßt uns mehr erfahren, denn es führt von dem Tier zu dem höchsten Gegner, dem Drachen, der das Kind von Geburt an bedroht, die Frau verfolgt und von Michael besiegt wird.

Unsere Exegese vom Zeichen der Frau in Apk 12,1 erlaubt eine bessere Deutung davon, daß diese Vision des 12. Kapitels sich von der vorhergehenden unterscheidet. Aber um unsere Darstellung ganz überzeugend zu machen, wollen wir sie in einen viel weiteren Kontext einfügen und einige allgemeine Bemerkungen zum Gedankengang in der Apk von einem Stück zum andern hinzugeben.

Mehrere Erklärer haben in der Apk einen steten geradlinigen Fortschritt gesucht, vom Kommen Christi bis zum Ende der Welt; jede neue Perikope beschreibe ein Ereignis, das später eintrifft als das, was infrage steht. Im Gegensatz zu dieser Sichtweise machte sich E. B. Allo zum Verteidiger, wie mehrere andere Erklärer es schon waren, des Systems der Rekapitulation, das dazu anleitet, in der johanneischen Offenbarung ständige Wiederholungen anzunehmen. Mit Recht wird man der Meinung sein, daß Allo dieses Prinzip allzu systematisch anwendet. Aber daß er sich verfehlt und gewisse Dinge zurückhält, ja sogar viele Dinge, das erscheint uns unbestreitbar.

Die Struktur des Gesamtgutes der Apk scheint uns folgende zu sein: Jede neue Vision fügt sich an die vorhergehende, die zweite wird in die erste miteinbegriffen, die dritte in die zweite usw. Das verursacht, daß die Visionen ein Objekt haben, das jeweils genauer und abgegrenzter gese-

hen wird, bis zur letzten Vision, die nur das Ende betrifft, die höchste Grenze und den Höhepunkt der Heilsgeschichte. Wir sehen zusammengefaßt, wie das ganze Buch angeordnet ist. Einige Überlegungen sind anzustellen; sie sind dazu bestimmt, diese Gesamterfassung zu fördern.
Nach dem Beispiel mehrerer Exegeten können wir unsere Analyse von 1,19 zum Ausgang machen: „Schreibe, was du sahest, was ist und was später kommen soll!" Dieser Auftrag Christi an Johannes zeigt, daß sein Buch ausschließlich die Visionen enthalten soll, mit denen er begnadet wurde. Eine Einteilung unter ihnen scheint aufgestellt zu sein für die gegenwärtigen („was ist") und die auf Zukunft angelegten („was später kommen soll"); zu den ersteren gehören die Briefe an die Kirche und zu den zweiten die ganze Folge des Werkes. Alle Welt nimmt indessen an, daß 1,19 diese fundamentale Einteilung der johanneischen Offenbarung nicht betont; TOB z.B. sagt kein Wort dazu.
Mit Sicherheit bilden die sieben Briefe des zweiten Kapitels eine erste klar umgrenzte Gruppe in der Geheimen Offenbarung. Sie sind gewiß auf die gegenwärtige Lage der Kirche bezogen, aber man betont nicht genug, daß sie gleichzeitig auf die Zukunft ausgerichtet sind. Sie sind adressiert an christliche Gemeinden in Asia gen Ende des 1. Jahrhunderts; diese aber sind schon mit residierenden Vorstehern versehen. Doch hängen diese von den Aposteln ab, was allein verstehen läßt, daß Johannes, der letzte Überlebende des Apostelkollegiums, in einem so stark autoritären Ton schreiben kann, um sie zu richten und zur Pflicht zu ermahnen. Interessant ist der Vergleich zwischen diesen Briefen und dem 3. Johannesbrief, in welchem „der Älteste", d.h. Johannes, sich an zwei Personen wendet, die residierende Vorsteher von Kirchen sind. Johannes richtet sie, ganz wie Christus in der Apk die „Engel" der Kirchen richtet. Johannes droht ebenso einem dieser residierenden Vorsteher, dem ehrgeizigen Diotrephes, der nach Ehren und ersten Plätzen strebt: „Wenn ich komme, werde ich ihm sein Werk vorhalten!" (Vers 10). Ist das nicht eine ähnliche Drohung wie die an die Engel der Kirchen von Ephesus und Pergamon: „Bekehre dich und vollbringe die Werke, die du früher tatest! Tust du dies nicht, so komme ich über dich ... Bekehre dich also, wenn nicht, so werde ich bald über dich kommen!" (Apk 2,5.16).
Sodann ist nicht weniger wahr, daß die Briefe der Apokalypse sich von allen anderen Briefen des Neuen Testamentes unterscheiden, und zwar darin, daß Christus sie selbst diktiert hat; sie erinnern an die prophetische Predigt, besonders an die sieben Aussagen zu Anfang des Buches Amos. Auch sie besitzen den synthetischen Charakter, wie es jeder Pro-

phetie eigen ist. Selbst wenn man annimmt, ohne etwas zu verschweigen, daß sie an allererster Stelle an einzelne Kirchen dieser Epoche gerichtet sind, so zielen ihre Lehren, die sie geben, auch auf die irdische Existenz der Kirche ganz bis zum Ende der Zeiten. Und obendrein stellt man fest, daß die dem Sieger gemachten Verheißungen manches Mal die eschatologischen Güter am Ende der Apk voraussagen: z.B. den Baum des Lebens (2,7 u. 22,2.14); die weißen Gewänder (3,5 u. 22,14); das neue Jerusalem vom Himmel herabgestiegen (3,12 u. 21,2); die Bewahrung vor dem zweiten Tod (2,11 u. 20,6; vgl. 21,8). Sieben ist die Zahl der Fülle, die sieben Briefe sind ein erstes Septenar, teilweise prophetisch, verbunden mit denen, die folgen werden, und die noch vollständiger sind.

Die ganze Folge des Buches ist tatsächlich streng prophetisch und bezieht sich auf die Heilgeschichte in deren doppelter, irdischer und himmlicher Phase. Z.B. zeigt der Anfang von Kapitel 21: „Und ich schaute einen neuen Himmel und eine neue Erde" auf die letzte Begrenzung der Fernsicht und den letzten Fortschritt: endgültig wird die aktuelle Welt verlassen, der Seher sagt uns nur mehr etwas vom zukünftigen Jerusalem.

In den vorhergehenden Kapiteln könnte man andere Etappen unterscheiden, zumal das Reich der 1000 Jahre (20,1–6). Trotz Allo und vielen anderen ist es schwierig, es einfachhin mit der ganzen Dauer der messianischen Zeit zusammenfallen zu lassen, und in ihm, wie er es ausdrückt, das ungeteilte Reich der streitenden und triumphierenden Kirche zu sehen. Es scheint eher eine letzte Anstrengung auf dem Weg zum himmlischen Jerusalem zu markieren, und deshalb einen wirklichen Fortschritt gegenüber dem Vorhergehenden. Doch möchten wir vorziehen, diese sehr schwierige und immer umstrittene Frage beiseite zu legen, und unsere Aufmerksamkeit mehr dem Verhältnis zwischen den Kapiteln 4–11 einerseits und den folgenden Kapiteln andererseits zu widmen. Tatsächlich, und es weisen alle darauf hin: nach 11,15–19, wo das Ertönen der siebenten und letzten Posaune zu behandeln ist, läßt das 12. Kapitel uns gleichsam einem neuen Anfang der Apk begegnen. Wie ist dieses Phänomen zu erklären?

In einer vorgängigen Frage von großer Wichtigkeit glauben wir uns den Gesichtspunkt, den Allo verteidigt, zu eigen machen zu müssen[6]. Die beiden Septenare, die sich folgen, die der Siegel (Kap. 6–7) und der

---

[6] L'Apocalypse, S. LXXXII ff.

Posaunen (Kap. 8–11), sind, wie er behauptet, eng verbunden: in einem Fall sieht Johannes die göttlichen Urteile für den Himmel und im anderen assistiert er ihrer Durchführung auf Erden.

Diese Urteile sind nichts anderes als die Dekrete im Gerichtsbuch der sieben Siegel. Ebenso bedeutsam ist, daß die Märtyrer unter dem Altar (in 6, 9–11) zur ganzen Welt gehören[7]; sie sind also nicht nur, wie z. B. Allo meint, Opfer der Verfolgung Neros.

Nennen wir die stärksten Argumente zugunsten dieser Auslegung von 6, 9–11, denn die Folgerungen sind gewichtig.

Vor allem charakterisiert sich der Ausdruck „das Zeugnis, an dem sie festhielten" durch die Auslassung des Namens Jesus. Man braucht also nicht, was man oft will, das von Jesus empfangene oder für Jesus gegebene Zeugnis zu verstehen. Es muß sich vielmehr um eine Befähigung, Zeugnis zu geben, handeln, die man bei all jenen Menschen finden kann, wer es auch sei, die „aus der Wahrheit sind", um den so schönen Ausdruck von Jo 18, 37 zu gebrauchen. Diese Befähigung zum Zeugnis macht diese Menschen Jesu verwandt, zu Jesus dem Zeugen der ersten Stunde (par excellence). An zweiter Stelle gibt es eine verdeckte Beziehung von Apk 6, 9–11 zu Mt 23, 32–35, also zu einer Evangelienstelle, wo Jesus seine kommende Passion mit allen ungerechten Morden in Verbindung bringt, die in der Menschenwelt „vom Blute des gerechten Abels an", d. h. von Beginn der Welt an, verübt wurden. Wie man z. B. an Sokrates und so viele andere Opfer dieser Art denken kann. Kurz, es sind die unschuldigen Opfer der menschlichen Mordlust, was immer deren Rasse oder Heimat sein mag, die mit dem leidenden Christus verwandt sind; die Verwendung des gleichen Wortes *sphazôo* = hinschlachten (wie in Vers 4) unterstreicht die enge Bindung und sozusagen echte Verwandtschaft. Das geschlachtete Lamm ist der eigentliche Ermordete; und es gibt all die andern Ermordeten; das ist die gewaltige Tragweite der Vision Apk 6, 9–11.

Während die Aktion der Kirche Christi begrenzt bleibt durch Zeit und Raum, wenigstens ihre sichtbare Aktion, erreicht der Einfluß Christi, des menschgewordenen Sohnes Gottes, die Menschen aller Zeiten, selbst die, die noch nie von ihm gehört haben. Es werden die Bösen, die Verbrecher aller Zeiten dem Gericht, dem „Zornes des Lammes" unterworfen

[7] Vgl. *A. Feuillet,* Les Martyrs de l'humanité et l'Agneau égorgé. Une interprétation nouvelle de la prière des égorgés en Ap 6, 9–11, in Nouvelle Revue Théologique, 1977, 189–207.

sein, von dem 6,16 die Rede ist. Und im Gegensatz dazu wird das Lamm, nachdem sein Leiden all ihre Leiden überhöht hat, der Hirte sein und die Gerechten aller Zeiten zu den „Quellen lebendigen Wassers“ führen (7,17)[8].

Nicht weniger sicher wird übrigens in dem ersten eigentümlich prophetischen Teil des Buches eine ganz besondere Aufmerksamkeit der Bestimmung des auserwählten Volkes zugewendet. Nicht zufällig erscheinen in der Eingangsvision vom Throne Gottes und der himmlischen Liturgie (Kap. 4) rings den Thron umgebend 24 Älteste, die rechtmäßig die Heiligen des Alten Testamentes vertreten, gleichermaßen in Hebr 12,1 „Älteste“ genannt, und die, wie P. Prigent betont, die ersten Christen darstellen als ihre Vorfahren im Glauben. Schon in der synoptischen Apokalypse, an die mehrmals das Septenar der Siegel denken läßt, ist das Gericht über das schuldig gewordene Jerusalem und über den Rest der Menschheit synthetisch zu betrachten, allerdings derart, daß hier die Züchtigung der heiligen Stadt an erster Stelle steht.

In der johanneischen Apokalypse ist es umgekehrt: das Urteil über das auserwählte Volk, das eine vollendete Tatsache ist und zu einer langen Vergangenheit gehört, wird hier nur innerhalb des Rahmens eines absolut universalen Gerichts gesehen, was nicht hindert, daß das Heil des Restes von Israel heftig betont wird, des Restes, der dem Volk Gottes vom Zeitalter der Gnade eingefügt wird, wie dieses von allen Ecken der Welt kommend. Das ist der Sinn des Kapitels 7[9]. Das ist weiter noch der Sinn des Anfangs des 11. Kapitels, wo es um die Bewahrung des Tempelinneren geht, von dem Altar und den Anbetern. Es handelt sich hier nicht um das irdische Heiligtum von Jerusalem, sondern um die wahren jüdischen Anbeter, die dem christlichen Glauben zugestimmt haben, um den Rest Israels, der in die Kirche Christi eingetreten ist.

---

[8] Vgl. *A. Feuillet,* La signification fondamentale de Marc 13. Recherches sur l'eschatologie des Synoptiques, in Revue Thomiste, 1980, 181–215; La double venue du Règne de Dieu et du Fils de l'homme en Lc 17,20–18,8 in Revue Thomiste, 1981, 5–33.

[9] Vgl. *A. Feuillet,* Les 144 000 Israelits marqués d'un sceau, in Novum Testamentum, 1967, 191–224. Die Interpretation, die diese 144 000 Israeliten mit der ganzen Kirche identifiziert, steht dem echten Sinn des Textes entgegen. Gibt es nicht gegenüber diesen genau gezählten und aus den zwölf Stämmen Israels abstammenden Christen eine Menge, die „niemand zählen kann“, denn sie kommt „aus allen Stämmen, Völkern und Sprachen“ (7,9)? Weniger wichtig ist das von einigen *(M. Rissi, P. Prigent)* angeführte Argument: in der Apokalypse (1,1; 2,20; 6,11; 19,2.5 usw.) bezeichne der Titel „Diener Gottes“ ständig die Christen.

Ebenso kennzeichnen im selben 11. Kapitel die beiden Zeugen, die so deutlich an Moses und Elias erinnern, die Fortdauer in der christlichen Kirche, nämlich des Zeugnisses, das jenes fortsetzt, das im Alten Bunde Moses und Elias Christus gegeben haben. So findet sich die enge und tiefe Bindung herrlich bekräftigt, die beide Testamente, das Alte und das Neue, miteinander vereint.

Ist dies nun die allgemeine Ausdeutung der Kapitel 4–11 der Apk, so tritt zu Beginn des 12. Kapitels eine bemerkenswerte Wendung der Perspektive auf, eine Begrenzung, die übrigens weithin die Verwendung von Bildern ersetzt, die weit mehr sprechen, da ja nun anstelle von den gewöhnlichen apokalyptischen Klischees wie Krieg, Erdbeben, Überschwemmung, Sternenstürze usw. jetzt die Frau und der Drache, die Tiere, die Buhlerin, das sieghafte Wort, auftreten. Nicht mehr wird nach dem Rest Israels gefragt, denn es ist evident, daß die 144 000 Jungfrauen, bezeichnet mit dem Siegel des Vaters und des Lammes, versammelt auf dem Berg Sion (14, 1–5) absolut nicht identisch sein können mit den 144 000 Israeliten, die gesiegelt sind wie in Kapitel 7. Jetzt sind es vielmehr die Christen, die sich nach den Anfängen bis zur Zeit der Apk treu erweisen und jeden Kompromiß mit dem Götzendienst ablehnen und nie zögern, wenn nötig, ihr Blut zu vergießen. Die ersten Bekenner und Märtyrer – Johannes betrachtet sie als Anfang (als Erstlinge) der Menge der christlichen Getreuen der Zukunft, besonders derer, die als Märtyrer sterben werden. Der Unterschied zwischen den 144 000 Jüngern Christi vom 7. Kapitel und vom 14. liegt darin: im ersten Fall geht es um die Bindung zwischen altem und neuem Volk Gottes, ein Problem, das mit Kapitel 12 beiseite gelegt wird.

Die jeweils fest bestimmten und genauen Visionen, die uns ab Kapitel 12 beschrieben werden, müssen sehr wahrscheinlich mit dem kleinen Buch in Verbindung gebracht werden, das Johannes im 10. Kapitel erhält, nicht versiegelt wie das große Buch, sondern offen, ohne Zweifel deshalb, weil es eine leichtere Erklärung bringt und Ereignisse betrifft, die näher liegen[10].

---

[10] Spontan formuliert man diese Objektion: wenn das infrage stehende kleine Buch in Apk 10, 2. 8–11 sich auf die Visionen bezieht, die erst mit dem 12. Kapitel anfangen, warum wird es denn schon im 10. Kapitel erwähnt, also in einem Kontext, wo es sich um ganz andere Dinge handelt? *E. B. Allo* antwortet auf diese Schwierigkeit mit dem Hinweis auf einen Vorgang, der in der Apokalypse häufig anderswo bezeugt ist: Das Tier des 13. Kapitels ist schon 11, 7 angekündigt; der Fall Babylons, beschrieben in den Kapiteln 17–19, wird in 14, 8 angesagt; die Ausgießung der Schalen in den Kapiteln 15–

Die fundamentale kirchliche Sichtweise, die sich im 12. Kapitel der Apk öffnet und die Beziehungen der „Frau mit der Sonne bekleidet" zur Kirche

Aufgrund von all dem bisher Gesagten muß es nun endlich möglich sein, die von P. Prigent gestellte Frage gut zu beantworten: Was im 12. Kapitel und in den ihm folgenden Kapiteln kann man als Fortschritt zu den vorhergehenden Kapiteln festlegen? Es ist falsch sich vorzustellen, daß die Apk sich unaufhörlich wiederholt, so wie manche Erklärer glauben machen. Es gibt einen ständigen Fortschritt. Er besteht aber nicht allein darin, daß das Wüten des Tieres von Kapitel 11,7 jetzt vom Toben des Drachens wiederaufgenommen wird. Er zeigt sich in vielen anderen Dingen. Z. B. den Märtyrern der Menschheit folgen jetzt die Märtyrer der Kirche.

Hier erinnern wir kurz an die lange Erörterung, die wir zu Ernte und Weinlese Apk 14,14–20 angestellt haben[11]. Genau so wie Christus sein Reich errichtet hat vor allem durch sein am Kreuz vergossenes Blut, so geschieht dies in gleicher Weise für die Kirche, und das will die Vision 14,14–20 zum Ausdruck bringen. Wenn die Kirche über ihre Feinde siegt, geschieht dies dank des Zeugnisses der Bekenner des christlichen Glaubens und im besonderen noch durch die Tugend dieses höchsten Zeugnisses: das von den Märtyrern vergossene Blut. Nicht ohne Grund erscheint zu Beginn der beiden Bilder von der Ernte und der Weinlese der Sohn des Menschen sitzend auf einer weißen Wolke, was ein Zeichen der Oberherrschaft und des Glückes ist: er triumphiert durch seine getreuen Jünger, vor allem durch seine Märtyrer, die für die Sache seines Namens ihr Leben hingeben. Und es ist wirklich kein Zufall, daß es in Apk 14,15 heißt: „Gekommen ist die Stunde der Ernte", was an das vierte Evangelium erinnert, wo Jesus sagt, seine Stunde, d. h. sein Leiden sei gekommen: wie das Leiden Christi das Gericht war zur Verdammung des Fürsten dieser Welt, so weiht der Märtyrer der getreuen Jünger Christi den Sturz der Verfolger seiner Kirche ein, d. h. er verewigt ihn. In der Weinlese, die auf die Ernte in Apk 14,14–20 folgt, hat man manchmal die Vorhersage eines schrecklichen Unterganges der heidnischen Völker sehen wollen. Diese Exegese scheint nicht richtig zu sein. Die

16 wird 14,10 vorhergesagt; den Hochzeitsfeiern des Lammes und seiner Braut, des neuen Jerusalem präludiert das himmlische Lied 19,7–9; vgl. *Allo*, L'Apocalypse, S. LXXXIV–LXXXV.

[11] Vgl. *A. Feuillet*, La moisson et la vendange de l'Apocalypse (14,14–20), in Nouvelle Revue Théologique, 1972, 113–132 u. 223–250.

große Menge Blut, die aus der Kelter strömt, den Pferden bis an die Zügel, 1600 Stadien weit (14,20), ist nicht das Blut der Feinde Gottes, sondern das der Kirche, des mystischen Weinbergs, von dem Christus der Rebstock ist, seine Jünger die Rebzweige. Immer in der Bibel gilt der Weinberg als Symbol des Volkes Gottes und Gegenstand seiner Sorge. Wenn die Kelter außerhalb der Stadt getreten wird, so deshalb, weil Golgotha außerhalb der Mauern Jerusalems liegt, wie das Evangelium bezeugt (19,20) und weil Jesus „außerhalb des Tores" gelitten hat, wie der Hebräerbrief sagt (13,12–13).

Das für die mystische Kelter im 14. Kapitel vollbrachte Werk dient zur Vorbereitung der Geißeln und Plagen auf die Länge der Kapitel 15 und 16 und der Züchtigung des großen Babylon in Kapitel 17 und 18. Wir kommen zurück auf das 12. Kapitel der Apk, denn wir möchten den ganz neuen Beitrag dieses Kapitels unterstreichen, insofern er die christliche Kirche betrifft. Die beiden Zeugen des 11. Kapitels geben uns gewiß eine sehr schöne Idee ein, die aber fragmentarisch und nahezu abstrakt bleibt. Im Gegensatz dazu läßt uns der Anfang des 12. Kapitels die wirkliche Mutter des einzigen Erlösers sehen, die zugleich das erste Glied der Kirche und die Mutter der Christen ist, ein wenig wie zu Anfang des 19. Kapitels des vierten Evangeliums uns die Mutter der Christen zu Füßen des Kreuzes gezeigt wurde (19,25–27), bevor die zukünftige kirchliche Gemeinde verkündet wurde, auch sie die neue Eva, in Gestalt der zwei grundlegenden Sakramente (Blut und Wasser) geboren aus der Seite des neuen Adam, der im Traum des Todes entschlafen war (19,33–37). Bewegt uns nicht aufs höchste hier feststellen zu dürfen, daß in diesem zweiten Teil der Apokalypse, wo die Bestimmung der Kirche und die Verfolgungen gegen die Christen vorausgesagt wurden, die strahlende Vision der „Frau mit der Sonne bekleidet" gegenwärtig wird, die Mutter des Emmanuel, die über diese Bestimmungen den Vorsitz führt und im besonderen die Hilfe aller Christen sein muß, die so hart geprüft werden?

Wir haben hier unsere Erklärung von der „Frau mit der Sonne bekleidet" zu ergänzen und besser herauszustellen, in welchem Sinn sie mit der Kirche verbunden ist. In der Maßgabe, wie dieser Frau das Gebären des persönlichen Messias zu eigen ist, kann sie nur die Jungfrau Maria, die Mutter des Emmanuel, Is 7, sein. Noch mehr, wenn es wahr ist, wie wir gesagt haben, daß Maria vom ersten Augenblick an uns gezeigt wird als Teilhaberin der Herrlichkeit ihres Sohnes, auch wie er „entrückt zu Gott und zu seinem Thron" (12,5 u. 12,1).

Daher versteht sich als die vom Drachen verfolgte und in die Wüste flüchtende Frau, die dort von Gott ernährt wird, genau nicht die Jungfrau Maria, sondern die Kirche selbst, von der Maria übrigens das erste und vornehmste Glied ist. Nichtsdestoweniger ist im mystischen Verständnis Maria noch da auf eine besondere Weise. Genau so wie Jesus sich mit seinem Leib, der die Kirche ist, mystisch identifiziert, so daß wenn die Kirche verfolgt wird, Jesus es selbst ist, den man verfolgt (Apg 9, 4–5), genau so ist Maria im 12. Kapitel der Apk, weil unlöslich mit ihrem Sohn vereint, wegen der Schmerzen der Geburt des christlichen Volkes mit dem neuen Volk Gottes mystisch gleichzusetzen, mit dem Volk, das am Ende der Apk als Braut des Lammes vorgestellt wird. Daraus ergibt sich, daß Maria auf gewisse Weise an allen Kämpfen und Leiden der Kirche teil hat, und daß jeder Angriff auf die Kirche sich gegen Maria richtet, die der höllische Drache dann bekämpfen will. Wir können uns hier auf eine Beobachtung von A. M. Dubarle berufen, der unseren Gesichtspunkt bestätigt. Vorausgesetzt, sagt er, daß erinnernd an den Zug durch die Wüste des alten Gottesvolkes Johannes in Apk 12 nur an das christliche Volk gedacht hat, hätte er, um den Schutz Gottes zu beschreiben, dessen sich die Frau erfreute, ein Wunder beschwören müssen, das sich zuhilfe des ganzen auserwählten Volkes ereignet hätte. Nun, der Text von Num 16, 32, zitiert in Apk 12, 16 „Die Erde öffnete sich und verschlang den Strom", verweist auf ein Wunder, das bestimmt war, die besonders bevorzugte Lage des Moses zu bezeugen, der gewaltigsten Persönlichkeit des ganzen Alten Bundes[12]. Die Mutter Christi selbst gilt hier als neutestamentliche Entsprechung der Persönlichkeit des Moses.

Man gelangt zum gleichen Schluß, wenn man sich erinnert, daß in Apk 12 die Mutter Christi der Eva, der Mutter aller Lebenden (Gen 3, 20), gegenübergestellt ist und also vorgestellt wird als die neue Eva, Mutter des neuen Gottesvolkes. Auch hier werden die Gegebenheiten von Apk 12 passend durch die des 4. Evangeliums ergänzt.

Nach dem furchtbaren Drama von Kalvaria befand sich die von Jesus versammelte messianische Jüngerschaft in völliger Auflösung, wie es Zacharias (13, 7) geweissagt hatte und wie diese Weissagung in Mk 14, 27 und Mt 26, 31 zitiert worden war. Selbst die Gruppe der Apostel war zerstreut; jeder war zu seiner eigenen Beschäftigung egoistisch zurückge-

[12] La Femme couronnée d'étoiles (Ap 12), in Mélanges Bibliques rédigés en l'honneur d'*André Robert*, 516–518.

kehrt, jeder „wohnte bei sich“, wie dies bei Jo 16, 32 gesagt war. Allein die Mutter Jesu war unerschütterlich gläubig geblieben; sie war das einzige intakte Glied der Kirche, von ihrem Sohn dafür vorbereitet. Wo er ihr auftrug für Johannes eine Mutter zu sein unter diesen so herben Umständen, begann Jesus mit ihr als Mittlerin seine Kirche wiederaufzubauen.

Und auf diese Weise trat Maria ihre herrliche Rolle an, Mutter der Kirche zu sein, und sie wird sie erfüllen, indem sie ständig in der Heilsgeschichte mitwirkt und dieser Kirche hilfreich beisteht, in allen Prüfungen, die im zweiten prophetischen Teil der Apk angekündigt und sogar für die Zukunft beschrieben sind[13].

Die Krone auf ihrem Haupt, in Apk 12, 1, ermutigt mächtig die ganze Kirche, die da schrecklich verfolgt und geprüft wird. Sie ist ein sichtbares sicheres Zeichen des Endsieges, wie zu Beginn des 6. Kapitels der erste Reiter, der zu siegen kommt und als Sieger auszieht und deshalb eine Krone trägt, anzuzeigen das siegreiche Urteil seitens des geschlachteten Lammes, vorgestellt gleichzeitig in herrlich sinngefüllter Synthese – „der Löwe aus dem Stamme Juda, der Sproß Davids“ (5, 5–6).

Ein Motiv unter anderen, weshalb man schon mal ablehnte, in der Vision Kapitel 12 irgendeinen Anklang an das Geschehen in Bethlehem zu entdecken, war die Meinung, dieses sei vergangen, währen die Apk die Zukunft ankündige. Das ist nicht ganz falsch, wenn man es so sieht. Aber wir sagten schon, die prophetischen Visionen sind synthetischer Art, so auch diese wie die anderen. Gestützt auf schon geschehene Ereignisse kann diese Vision sehr gut vieles mehr oder weniger Entferntes voraussagen. Wäre es verwegen anzunehmen, daß sie im besonderen die mehr und mehr auffallenden Erscheinungen der glorreichen Jungfrau voraussagt, wie sie die moderne Geschichte der Kirche charakterisieren, der Kirche, die so vielen Sorgen, Nöten aller Art unaufhörlich sich erneuernden, ausgesetzt ist?

Beobachtungen zum prophetischen Hintergrund des Hohenliedes

Als wir uns darangaben, die Braut des HL in den drei sehr dunklen Stellen (6, 4. 10 u. 7, 1) zu identifizieren, versuchten wir den religiösen Sinngehalt dieses Gedichtes, das zuerst so verwirrend anmutet, herauszustellen.

[13] Vgl. *A. Feuillet,* La doctrine mariale du Nouveau Testament et la Médaille miraculeuse, Esprit et Vie, 1980, 666.

Somit haben wir schon teilweise jenen geantwortet, die – recht zahlreich – meinen, es gäbe keine andere Garantie für den religiösen Charakter und die religiöse Interpretation dieser Schrift als die Zuschreibung zum Kanon der heiligen Bücher, wie sie die Kirche vorgenommen hat. Aber unsere Aussagen sind noch sehr ungenügend und wir möchten auf den folgenden Seiten Hinweise geben zu den beiden Problemen ersten Ranges: zum einen, wie ist das eigentümliche Faktum zu interpretieren, daß das Hohelied stets eine wahre Vorliebe bei großen Geistesmenschen und Mystikern fand, während diese hohe religiöse Bedeutung für den Blick der überwiegenden Mehrheit der modernen Exegeten und allgemein der Leser unfaßbar ist?

Zweitens möchten auch wir einige Worte zum Grundthema des HL sagen, das so verschieden verstanden wird – von den wenigen wissenschaftlichen modernen Erklärern, die eine direkte Abhängigkeit des Poems vom Bereich der prophetischen Literatur annehmen; dies veranlaßt uns, einen kurzen Vergleich mit dem messianischen Gebet des Isaias (Is 63, 7–64, 11) anzustellen.

Alle Welt weiß von großen Heiligen, deren Liebe zu Gott oder zum leidenden Heiland die gern gewählte Nahrung ihrer Frömmigkeit im HL gefunden hat. Erleuchtet vom Hl. Geist und umgewandelt von göttlicher Liebe trafen sie mühelos die wesentliche Bedeutung dieser Liebeslieder, selbst wenn sie unfähig waren, alle Einzelheiten zu erkennen. Wir brauchen nicht bei den so bekannten Beispielen des hl. Bernhard, der Therese von Avila und des Johannes vom Kreuz zu verweilen. Erwähnen wir nur drei bezeichnende Dinge. Das erste ist der Biographie des hl. Johannes vom Kreuz entnommen und bezieht sich auf seine letzten Monate: „Während man die Sterbegebete betet, gibt Johannes vom Kreuz ein Zeichen anzuhalten. Er will etwas aus los Cantaros vorgelesen bekommen, aus dem Hohenlied. Der Prior tut es und der Heilige wiederholt einige Liebesverse: „Welch kostbare Perlen!“, ruft er aus[14]. Es gibt da noch die von der hl. Theresia vom Kinde Jesu berichtete Reflexion: „Wenn ich Zeit gehabt hätte, hätte ich so gern das Hohelied kommentiert; ich habe in diesem Buch so tiefe Dinge entdeckt über die Einigung der Seele mit Gott“[15].

Wir fügen ein anderes Zeugnis hinzu, ganz neu und sehr viel genauer. Es ist einem Mystiker zu verdanken, vom Herrn erfüllt, und der völlig ver-

[14] Saint Jean de la Croix, von *P. Fr. Bruno de J. M.*, Vorwort von *J. Maritain*, Paris 1929, 366.
[15] *Sainte Thérèse de l'Enfant-Jésus.* Derniers entretiens, Paris 1971, 441.

gessen geblieben wäre, was er sich übrigens gewünscht hatte, hätten nicht P. Garrigou-Lagrange und P. François de Sainte Marie eingegriffen und seine wunderbaren Texte, die nicht zur Veröffentlichung bestimmt waren, einer großen Leserschaft zur Kenntnis gebracht; meistenteils erklären sie frei den Text des Hohenliedes[16]. Ein kurzer biographischer Nachruf, der nach seinem Tod ihm gewidmet wurde, läßt ahnen, wie sehr er von dieser biblischen Dichtung fasziniert war[17].

Das ist nun das Hauptmotiv, das so vielen Exegeten und Lesern des HL, die mit der Bibel nicht ganz vertraut sind, solche Mühe macht – sehr verständlich, weil sie es nicht als Echo der prophetischen Predigt erkennen noch als sein Thema die eheliche Verbindung Jahwes mit Israel. Dieses Thema wird allerdings in ein ganz neues Gewand gekleidet, und es ist nützlich, es in folgender Weise zu erklären.

Der Glaube vermittelt ja für die offenbarten Wahrheiten, die man annehmen muß, keine Evidenz: Gott ist es, der sie für uns einsieht! Doch es wächst der religiöse Glaube in der Seele, er strebt hinaus über die Vielfalt der abstrakten Wahrheiten zu einer persönlichen Vereinigung mit dem einzigen Sein (Gott oder Christus), das uns liebt und mit dieser hohen Offenbarung beschenkt hat. Und diese leidenschaftliche Verbindung formt uns um im Dialog der Liebe. Obendrein übernimmt der Dialog der Liebe gern die übliche Sprache der menschlichen ehelichen Liebe, die Mann und Frau einander verbindet. Gewiß dünkt schon in den prophetischen Weissagungen, wo Gott mit dem auserwählten Volk, seiner Braut, einen Dialog führt, die Entlehnung dieser menschlich ehelichen Sprache manches Mal sehr kraß. Aber über den echten Sinngehalt ist dann doch kein Zweifel möglich. Deutlich zielen die Propheten auf die eingegangenen Bindungen kraft des Bundes zwischen Jahwe und einem Kollektiv, dem auserwählten Volk. Ganz anders geht es im Hohenlied zu, wo der Dialog zwischen Jahwe und seiner Braut äußerst persönlich geführt wird.

Hier einige Beispiele von der Umwandlung der prophetischen Themen, die der Sänger des HL vornahm. Man wird sehen, wie stark sie zu dem

[16] Die beiden Werke: *Robert de Langeac,* Virgo Fidélis. Le prix de la vie cachée. Commentaire du Cantique des Cantiques, Vorwort von *R. P. Garrigou-Lagrange,* Paris 1931 (Nachdruck 1941); *R. de Langeac,* La vie cachée en Dieu, Vorwort von *R. P. F. de Sainte Marie,* Paris 1947.

[17] Diese kurze bibliographische Notiz, nicht unterzeichnet, befindet sich zu Anfang einer posthumen Veröffentlichung: *R. de Langeac,* Vous ... Mes amis. Elévations? Paris 1953, 46: „Le Cantique avait toutes ses préférences, puisque le premier commentaire étant terminé, il le reprit en suivant le texte, mais il ne put l'achever."

einzigen Thema der persönlich miteinander teilenden Liebe hinführt. Der erste Text, der uns aufmerken läßt, steht in HL 2,16:

„Mein ist mein Liebster und ich bin sein!
Hirte ist er auf Liliengefilden ..."

Die Worte der Braut wirken wie ein Reim, denn sie werden in 6,3 nur leicht verändert wiederholt:

„Ich bin bei ihm –
Mein ist mein Liebster und ich bin sein!
Hirte ist er auf Liliengefilden",

stärker verändert in 7,11:

„Meinem Liebsten bin ich zu eigen ganz!
Und sein Herz
Ist voll Sehnsucht nach mir."

Da wir diese Stellen in einem langen Artikel, veröffentlicht in der Revue Biblique[18], sorgsam erforscht haben, wobei wir die vielen unglaublich verschiedenen oder abweichenden Richtungen, die sich in der wissenschaftlichen Exegese zum HL äußerten, berücksichtigt haben, erlauben wir uns auf diese Studie zu verweisen, die unsere Arbeit ergänzt; wir möchten uns hier begnügen mit dem Hinweis auf einige wesentliche Folgerungen.

Die wechselseitige Besitznahme Jahwes und des auserwählten Volkes wurde durch die Propheten mit einer Heirat verglichen. Gewöhnlich wurde diese Besitznahme mit der Wendung ausgedrückt: „Ihr werdet mein Volk sein und ich werde euer Gott sein." Zitieren wir Dt 29,12; Os 2,4; Jer 11,4; 24,7; Ez 36,28 ... Aber wie diese unendliche Wohltat zuerst das Werk der göttlichen Liebe ist, so findet sich diese Formel von Zeit zu Zeit umgekehrt, indem Gott an erster Stelle genannt wird: „Ich

[18] La formule d'appartenance mutuelle (Ct 2,16) et les interprétations diverses du Cantique des Cantiques, Revue Biblique, 1961, 5–38. Wir haben diese Arbeit mit geringfügigen Änderungen wiederveröffentlicht in Etudes d'exégèse et de Théologie Biblique. Ancien Testament, Paris 1975, 281–315. Das hebräische Verb *râ'ab* ist in seinem normalen Sinn zu verstehen als „zur Weide führen", „weiden lassen", wie HL 1,7–8 zeigt: Der Geliebte des HL wird vorgestellt als ein Hirt, Besitzer einer Herde, die er weiden und lagern läßt am Mittag. Es kann nicht ein intransitiver Sinn verstanden werden: „sich nähren vom Gras", noch ein metaphorischer Sinn: „sich nähren, sich erfreuen, genießen einer Sache oder einer Person", Bezeichnungen, die man diesem Verb von Zeit zu Zeit gibt. Falsch ist also die Übersetzung der Vulgata: *qui pascitur inter lilia.*

werde euer Gott sein und ihr werdet mein Volk sein" (Dt 26, 17-18; Os 2, 24; Jer 7, 23; 31, 33...). Auf die umgekehrte biblische Formel antwortet HL 2, 16: „Mein ist mein Liebster und ich bin sein." Auf die mehr gewohnte Formel antwortet 6, 3: „Ich bin bei ihm / Mein ist mein Liebster und ich bin sein". Was die Wendung 7, 11 betrifft: „Meinem Liebsten bin ich zu eigen ganz! / Und sein Herz / Ist voll Sehnsucht nach mir", so bietet sie die Eigentümlichkeit einer verdoppelten Bundesaussage mit einem unbestreitbaren Bezug auf die Genesis. Gen 3, 16: „In Schmerzen sollst du Kinder haben, und doch wirst du nach deinem Mann verlangen, der über dich herrschen wird!" Die erhabene prophetische Lehre von dem Bund, der mit einer Heirat verglichen wird, führt die menschliche Ehe implizit zurück auf ihre ursprüngliche Reinheit: die Anziehung geschieht wechselseitig in vollendeter Gleichheit, und das Verlangen des Gatten selbst trägt ihn hin zu seiner Braut; man vergleiche HL 7, 11 mit Gen 2, 23-24[19].

Aber was beweist denn, daß HL 2, 16 und 6, 3 Umwandlungen der überlieferten Ausdrücke von Bindungen sind? Wir haben zwei Hinweise gegeben, die sehr stark sind. In den menschlichen Beziehungen, dann wenn der Gatte sich seiner Gattin hingibt, „weidet er seine Herde" nicht! Welch bizarrer Ausdruck ferner, eine Herde „unter Lilien" zu weiden! Doch da vermag die prophetische Theologie des Bundes das Rätsel zu lösen! Wenn Gott seinen Bund erneuert und sich von neuem Israel schenkt, weidet er seine Herde. Noch dazu wenn das Wunder der göttlichen Liebe sich in einen paradiesischen Rahmen einschreibt: die Erde wird wieder Freundin des Menschen, der ja wieder Freund Gottes geworden ist: sie bedeckt sich mit Blüten und außerordentlich schönem Pflanzenschmuck. Gewöhnlich gibt es diese drei Themen: die gegenseitige Besitznahme, Hirt und seine Herde, die wundervolle Vegetation; sie begegnen einander im Zustand der Zerstreuung. Der Text Ez 34, 29-31 bietet sich an als Beispiel glücklicher Synthese: „Ich werde ihnen eine reichgesegnete Pflanzung aufsprießen lassen (Lilien)... dann werden sie erkennen, daß ich der Herr, ihr Gott, mit ihnen bin und daß sie, das Haus Israel, mein Volk sind" (gegenseitiger Besitz)... „ihr meine Schafe, ihr seid die menschliche Herde, die ich weide" (Hirt).

In derselben Weissagung Ez 34 über Jahwe den guten Hirten lesen wir: „Meine Herde zerstreut sich, weil sie keinen Hirten hat, ... auf allen Ber-

[19] Vgl. hierzu *A. Feuillet*, La dignité et le rôle de la femme d'après quelques textes pauliniens, New Testament Studies 21 (1975) 157-191. Wir verweisen besonders auf S. 159-162.

gen irrt meine Herde umher... Ich selbst will meine Herde weiden und ich selbst werde sie lagern lassen" (34,5–6. 15). Von diesen Gegebenheiten bietet uns das HL die bemerkenswerte Umwandlung in eine Sprache der persönlichen Liebe:

„Nun künde mir du, dem mein Herz gehört:
Wo steht deine Herde,
Wo läßt du lagern am Mittag?
Keinen Irrgang möchte ich tun
Bei den Herden deiner Genossen."

Die Anwendung dieses Textes auf den göttlichen Hirten könnte allerdings anstößig erscheinen, weil Gefährten erwähnt sind, die dann nichts anderes sein könnten als „Hirten", also Könige der fremden Völker. Aber der Psalm 45, spricht er nicht ebenso von Gefährten des Messias (Vers 8), die er dennoch „Götter" nennen kann (*Elohim*, v. 7)? Am Ende des Buches Osee lesen wir die bewegenden Versprechen des Heils, die dem auserwählten Volk gemacht werden[20]. Hier das Finale (erster Teil ab Vers 8 und letzter ab Vers 9): „Dann wollen wir wieder im Schatten wohnen... Ich bin wie die immergrüne Zypresse. Deine Frucht kommt von mir." Ergreifend wirkt die Umwandlung dieses schönen Textes in die Sprache der Liebe im HL:

„In seinem Schatten sitz ich mit Lust.
Seine Frucht schmeckt süß meinem Gaumen..." (2,3)

In Os 14,8–9 spricht Jahwe als Gatte, denn seine Sprache schließt eine Verdammung der Israeliten ein, die zu den heiligen Bäumen gingen, sich unter sie setzten und dem Naturkult sich hingaben, von den Propheten Prostitution genannt (Os 4,12–13; Jer 2,20; 3,2–6 usw.). In Osee wird wie im HL der Gatte mit einem Baum verglichen, der Schatten spendet

[20] Für eine Studie mit mehr Einzelheiten über diese Begegnung von Osee und dem HL verweisen wir auf unsere Untersuchung: „S'asseoir a l'ombre de l'Epoux" (Os 14,8 u. HL. 2,3), in Etudes d'Exegese et de Théologie Biblique. Ancien Testament 317–331, zuvor schon veröffentlicht in Revue Biblique, 1971, 391–405. Im Gefolge der Bibel de la Pleiade übersetzt TOB ebenso 14,8a mit Berücksichtigung der Vokalisierung des TM: „Es kehren zurück, die in seinem Schatten wohnten". Aber selbst mit dieser sehr umstrittenen Übersetzung ist die Allusion des HL an den Oseetext nicht ganz ausgeschlossen, und TOB erwähnt sie in der Fußnote (S. 1115 n. p.). In der Tat kann der beschützende Schatten, in diesem Fall an erster Stelle Israel zugedacht, nur von seinem göttlichem Gemahl stammen, ganz wie die Frucht, die Israel hervorbringt: „Ich bin es, der deine Frucht hervorbringt!". Andere wahrscheinliche Kontakte zwischen Osee 14 und dem HL: der Tau bei Osee 14,6 und HL 5,2; das Getreide Os 14,8 und HL 7,3.

und Früchte trägt. Das HL verstärkt sogar zufällig die oben gegebene Übersetzung des Oseetextes. Die Übersetzung, gegründet auf eine leichte Änderung des hebräischen Textes und gestützt auf die LXX ist die der meisten Interpreten, zumal der beiden Bibeln von Jerusalem und der von Osty. Die Begegnung zwischen Osee und dem Hohenlied ist um so bemerkenswerter als Os 14, 8, abgesehen vom Paralleltext im HL, die einzige Stelle der Bibel ist, wo Jahwe mit einem schattenspendenden Baum verglichen wird. Sonst wird mehr vom Schatten der Flügel Jahwes gesprochen (Ps 17, 8; 36, 8; 57, 2; 63, 8), was eine andere Vorstellung herbeiruft, die des seine Jungen beschützenden Vogels.

Die Abhängigkeit des HL an dieser Stelle durch den Bezug zu Osee wird durch zwei andere Kontakte noch bekräftigt: Jahwe spricht in Os 14, 7, daß seine Braut, die hier eine Frau und ein Land (heiliges Land) ist, „blühen wird wie die Lilie". Außerhalb des Textes von Osee, abgesehen von der Beschreibung des Tempelschmuckes, wird die Lilie in der hebräischen Bibel nur im Hohenlied genannt, wo sie achtmal vorkommt. Osee liefert aber den Sinn dieses Symbols: das Land bedeckt mit Lilien bedeutet, daß die Erneuerung des göttlichen Bundes in dem paradiesischen Rahmen eingeschrieben wird (s. o.). Die zweite Übereinstimmung: in Osee 14, 8 sagt Jahwe, daß seine Braut das „Parfum des Libanon" aushaucht; in HL 4, 11 spricht der Bräutigam zur Braut:

„Deiner Gewande Wohlgeruch
Ist wie des Libanons Duft!"

Nur an dieser Stelle in der ganzen Hl. Schrift findet sich dieser Ausdruck:

„Duft des Libanon".

Mehrere Male wird uns in der prophetischen Literatur Jahwe gezeigt als einer, der ein Banner (oder eine Standarte) erhebt wie ein Signal zum Sammeln, und sie im Anblick der Völker aufrichtet, um ihnen den Befehl zu geben, die gefangenen Israeliten freizugeben – diese zerstreute und umherirrende Herde, von der HL 1, 7 redet, aller Wahrscheinlichkeit nach in direkter Abhängigkeit von Ez 34 (s. o.). Hier zwei Nachweise dieses Themas: Is 11, 12 „Aufpflanzen wird er ein Banner für die Völker, sammeln die Versprengten von Israel und zusammenbringen Judas Zerstreute von den vier Enden der Erde"; Is 49, 22:

„Siehe, ich erheb meine Hand für die Heiden,
Richte für die Völker auf meine Banner.
Auf den Armen bringen sie deine Söhne.
Auf der Schulter tragen sie deine Töchter"

Was davon im HL allein behalten ist, ist die göttliche Liebe, die den Bräutigam zur Braut zurückführt und als Frucht hervorbringt die Wiederherstellung des ehelichen Bundes:

„Als sein Banner weht über mir
Die Liebe – –“ (HL 2,4)

Die Wiederherstellung des Bundes findet sich noch ausgedrückt in einem mysteriösen Dialog der Liebe, 2,17, der offensichtlich in 4,6 eine Entsprechung bekommt. In 2,17 bittet die Gattin:

„Eh denn der Tag sich kühlt,
Und die Schatten fliehn,
Entspring, mein Geliebter,
Einer Gazelle gleich
Oder einem jungen Hirsch
Auf Béter-Bergen!“

Das Wort béter ist zum Verständnis des HL sehr wichtig, sagt man mit Recht (P. Joüon). In der Bibel wird es einzig gebraucht, um einen Ritus des Bundes zu bezeichnen, die Zweiteilung des Opfers. Es begegnet in diesem Sinn in Gen 15,10, wo es um den Bund mit Abraham geht, und in Jer 34,18–19, wo es im selben Sinn wiederholt ist mit Bezug auf dasselbe Geschehnis. Warum nicht voraussetzen, daß die Braut, wo sie einen so besonderen Ausdruck benutzt, ihren göttlichen Bräutigam erinnern will an die alten an Abraham gegebenen Verheißungen auf dem Berge Moriah, dem zukünftigen Tempelberg?
Diese Erklärung wird uns übrigens fast aufgenötigt durch die Antwort des Bräutigams 4,6:

„Bis der Tag sich kühlt,
Und die Schatten fliehn,
Möcht ich wallen zum Myrrheberg,
Zum Weihrauchhügel!“

Noch deutlicher als die Berge von Béter (wörtlich: die entzwei geschnittenen Opfer), verweist der Weihrauchhügel auf den Tempelberg, weil der Weihrauch aus Arabien eingeführt wurde (Is 60,6; Jer 6,20), und weil die Bibel nur dessen liturgische Verwendung kennt. Bekommen die Erklärer nicht hier den rechten Schlüssel, der den Zugang zu dem geheimnisvollen Gedicht der Liebe öffnet? Es liegt in der Absicht des Verfassers, von der menschlichen Liebe zu sprechen, in der persönlichsten und leidenschaftlichsten Sprache, die ohne Zweifel die meisten von ihnen davon abgebracht hat, sich auf diese Sicht festzulegen. Diese Sicht erscheint dennoch als die hier sehr richtige, so wie sie auch als die evident richtige erscheint dank der Targumindokumentation, die neuestens R.J. Tournay veranstaltet hat[21].

Wir werden aber diesem Autor nicht ebensoweit folgen, wenn er auf die Stellungnahme zurückkommt, die er zuerst im Kielwasser von A. Robert verteidigt hat, und nun vorschlägt, im Bräutigam des HL nicht Jahwe selbst zu sehen, sondern den Messias, aufgefaßt als den neuen Salomon. Eine vollständige Prüfung dieser letzten Hypothese würde hier zu weit führen. Begnügen wir uns mit einigen Bemerkungen. Selbst wenn Ps 72 uns den Messias als neuen Salomon vorzustellen scheint, ist doch die gängige Auffassung die des Messias als neuen David – bei Is 7–9.11 und Michäas 5, Weissagungen, die kaum auf das HL Einfluß genommen haben. In der Tat verweisen einige Parallelen, die wir als Beispiele oben angeführt haben, um das HL zu erklären, immer auf Jahwe als Bräutigam, nicht auf den Messias, den Bräutigam des Ps 45 (der seinerseits an Is 9 und 11 denken läßt).

Das Grundthema des Hohenliedes. Vergleich mit Is 63, 7–64, 11

Wir müssen nun wenigstens ein Wort zum Grundthema des HL sagen, das uns zu sein scheint, was man auch immer dagegen äußern wird, der Schlaf und das Erwachen der Braut, der Schlaf zum Ausdruck ihrer Betäubung und Unfertigkeit ihrer Liebe, und das Erwachen ganz im Gegensatz dazu ihre ungeteilte Liebe zum göttlichen Bräutigam. Wir haben uns vorgenommen, eines Tages auf diese Hauptfrage zurückzukommen.

Jetzt begnügen wir uns, einen wie es uns scheint wichtigen Beitrag zur Ergänzung der überzeugenden Darstellung von A. Robert zu leisten. Wer immer die biblischen Schriften der ersten Zeit nach dem Exil durchsieht, ist sofort erstaunt von dem Raum, den das so starke Verlangen nach dem Kommen des Reiches Gottes und seines Messias einnimmt, ebenso wie die Angst, daß soviele messianische oder eschatologische Weissagungen immer noch nicht erfüllt sind. Auf dieses Leid und diese Sehnsucht antwortet Gott mit neuen Erleuchtungen. Die unvergleich-

[21] Quand Dieu parle aux hommes la langage de l'amour. Etudes sur le Cantique des Cantiques, Paris 1982, Kapitel 6: Les mots de Béter et le Mont Moriah, 63–65.

lichen Offenbarungen über den Leidensknecht setzen die grausamen Täuschungen voraus, verursacht von der sehr unvollkommenen Verwirklichung der herrlichen Verheißungen des Heils, die in den Kapiteln 40–55 von Isaias verkündet werden.
Parallel läuft die Beschwörung HL 2,7 – gemäß der These von A. Robert, die ich mir zu eigen mache, wiederholt in 3,5 und 8,4:

„Wollet nicht wecken –,
Wollet nicht stören
Meine Geliebte,
Bis es ihr selbst gefällt!" –
was sich auf zwei Verheißungen bezieht, die nicht erfüllt sind.
„Erwache! Erwache!
Steh auf, Jerusalem... (51,17)
Auf, auf, zieh deine Kraft an, o Sion!" (52,1)

Der Verfasser des HL erklärt uns: Wenn Jerusalem nicht ganz erwacht ist, dann bleibt das auserwählte Volk immer in einem geistigen Schlaf befangen; es muß spontan aufstehen mit freier Heimkehr der Herzen zu Gott, mit anderen Worten: kein Heil, kein nationales Erwachen, ohne vorgängiges Erwachen oder vorherige Bekehrung der Herzen. Das ist das Motiv der so langen und harten Erwartung des auserwählten Volkes. Erstaunlich ist die Ähnlichkeit zwischen dieser Lage und jener, die das wunderbare messianische Gebet des Isaias 63,7–64,11 voraussetzt; zitieren wir vor allem den Text Is 64,6:

„Niemand rief deinen Namen an, raffte sich auf, um an dir festzuhalten, Denn du hattest vor uns dein Antlitz verborgen und ließest uns unter dem Druck unserer Frevel erbeben."

Die Erwähnung des Weckens im HL verweist ganz auf die beiden Weissagungen Is 51,17 und 52,1, die immer noch nicht erfüllt sind, was die Seelen in Unruhe versetzt. Hier wie im ganzen Hohenlied bezeichnet Erwachen zuerst ein mit dem Herz zu Gott hin sich bekehren. Hier wie im HL besinnt sich das Gewissen darauf, daß ein solches Erwachen nur dank dem Eingreifen des Gottes der Liebe vor sich gehen kann, während dieser Gott im Augenblick sein Gesicht verbirgt. Und doch hört er nicht auf, das auserwählte Volk in seine Zuneigung einzuschließen. Erfüllt sich Is 63,7–64,1 das Thema der Väterlichkeit, ganz wie das Thema der Verlobung sich im HL erfüllt? Nebenbei können wir in Eph 5,14 ein christliches Hymnenfragment enthüllen, das sich auf dieselben theologischen

Gegebenheiten bezieht und eine Reminiszenz aus Texten des Alten Testamentes sein kann:

> „Erwach du Schläfer,
> Steh auf von den Toten,
> Und Christus wird dir aufleuchten!“[22].

Notieren wir vor allem, was wichtig ist. In der Textquelle Is 51, 17 und 52, 1 ist das Erwachen des auserwählten Volkes, seine Auferstehung, zugleich religiös und national, religiös im Hintergrund, das zweite bedingt. Im HL steht hingegen ganz wie in Is 64, 6 die geistige Erneuerung, das ist die Bekehrung der Herzen, im Vordergrund. Unter diesen Bedingungen liegt es nahe, das Wecken so aufzufassen, daß es stufenweise vor sich gehen kann, im Fortschritt abhängig vom Zustand der Seelen.
Von Anfang an liebt die Braut leidenschaftlich ihren göttlichen Bräutigam, und ihre geistige Begegnung mit ihm ist in gewisser Hinsicht wirklich. Und das geschieht mit einem Eifer ihn zu suchen, der unaufhörlich wächst.
Aber der Bräutigam will eine totale Zuwendung. Eine Szene wie 5, 2, wo das Treffen von Bräutigam und Braut nicht stattfindet – infolge einer leichten Ohnmacht der Braut, betont die Größe des göttlichen Verlangens. Und wir sehen gut am Ende der Dichtung, daß nur das göttliche Eingreifen das volle Erwachen der Braut vollenden kann, entsprechend

---

[22] Sehr umstritten sind die biblischen Beziehungen des Hymnenfragments. Wir können dies hier nicht diskutieren. Die B. J. gibt zwei Vorlagen an: Is 26, 19 und 60, 1. Ganz wie das HL verweisen die beiden Texte auf die immer noch nicht erfüllte Verheißung von Is 51, 17 und 52, 4. Nahe verwandt mit dem Text der Epheser ist die ihm in Is 26, 19 gegebene Form. Vorher im selben Kapitel, das zur Apokalypse des Isaias gehört, finden wir bewegende Ausdrücke von einer nächtlichen Wache Gottes, die an das HL denken lassen:
„Nach deinem Namen, nach deinem Lobpreis / Geht unserer Seele Verlangen. / Meine Seele sehnt sich nach dir in der Nacht. / Mein Geist sucht dich in meinem Innern.“
Etwas weiter nach der Feststellung der vollständigen Vergeblichkeit der menschlichen Anstrengungen um das Heil der Nation erfolgt die Ankündigung Gottes von einem Erwecken, von dem man nicht weiß, ob es rein geistig sein wird oder sich schon um die körperliche Auferstehung handelt:
„Doch deine Toten leben.
Meine Leichname stehen wieder auf.
Wacht auf und jubelt,
Die ihr im Staube ruht!
Denn Tau des Lichts ist dein Tau.
Die Erde gibt die Schatten heraus“ (26, 19).

den synthetisch gesehenen prophetischen Gegebenheiten im Wort Jer 31, 18:

„Bring mich heim!
Ich will mich bekehren!"

Eine andere Ähnlichkeit des HL mit dem Gebet des Isaias 63, 7–64, 11 müssen wir nennen. Man liest in Is 63, 19 die jammervolle Bitte, wie wenn der Autor flehte, daß das Mysterium der Inkarnation bald Wirklichkeit werde: „Ach daß du den Himmel zerrissest und niederführest!" Nun aber liest man eine Bitte derselben Art, auch sie herzbewegend, am Ende des HL, eine Bitte, die evident unsinnig wäre, wenn der Bräutigam des HL der Messias, wie man zuweilen behauptet, und nicht Jahwe in Person wäre:

„Ach wärest du mein Bruder...
Du würdest mich belehren!" (8, 1–2).

Wir erblicken hier den Ausdruck einer hauptsächlich messianischen Hoffnung: die einer Belehrung, die direkt von Gott gewährt wird. Dieses Thema hat seine hauptsächliche Quelle in den beiden Offenbarungen Is 2, 2–5 und Jer 31, 31–34. Es wird oft in den Psalmen wiederholt, aber dann in einer Form, die es personalisiert und aktualisiert (verwirklichte Eschatologie). Besonders bildet es eine fundamentale Gegebenheit des wunderbaren Psalmes 119 (Vers 12. 26. 48 usw.).
Wir beenden unsere Erörterung mit der Erwähnung einer Szene des Neuen Testamentes, wo sich, wie wir glauben, recht nahestehend ein Bezug auf das Gebet Is 63, 17 und ein anderer auf das HL finden. Im Kontext des Flehens Is 63, 17–64, wo um das messianische Kommen Gottes unter die Menschen gebeten wird, proklamiert der Prophet die Vaterschaft Jahwes für das auserwählte Volk so mächtig wie nirgends sonst im Alten Testament: „Du bist unser Vater" (63, 16)! „... und doch Jahwe, bist du unser Vater!" (67, 7). Obendrein wird uns die Hoffnung eingeflößt auf das Kommen des Hl. Geistes, des Urhebers von soviel Wundern in der Vergangenheit: „Wo ist der, der seinen heiligen Geist ihnen ins Herz gab?" (63, 11) ... „Der Geist des Herrn ließ sie Ruheplätze finden" (63, 14) – eine Hoffnung, die an den alten Sünden des auserwählten Volkes nicht zuschanden wird: „sie betrübten seinen heiligen Geist" (63, 10). Nun, sehen wir nicht bei der Taufe Jesu diese große Erwartung ihre Erfüllung finden? Tatsächlich sah doch Jesus in diesem Geschehen „den Himmel sich öffnen" (Mk 1, 10), und schließlich, zu bezeugen, daß Jesus

sich so mit der sündigen Welt solidarisierte, um sie zu Gott zurückzuführen, stieg der Hl. Geist auf ihn herab und der Vater verkündete ihn als seinen Sohn.

Was uns nun hier besonders am Herzen liegt, daß es gesagt werde, ist, daß in derselben evangelischen Szene sich den Reminiszenzen aus Is 63, 7–64, 11 eine andere sehr bedeutsame hinzufügen läßt aus dem HL. Aufgrund der Ikonographie von dem evangelischen Bericht der Taufe Jesu neigt man dazu, das Symbol der Taube als Kennzeichen des Hl. Geistes für traditionell in der Bibel zu halten. Nichts ist falscher. Im Alten Testament verweist das Symbol der Taube gewöhnlich auf die auserwählte Nation (Os 7, 11; 11, 11; Ps 68, 14). Vor allem ist das HL zu zitieren, wo mehrmals die Braut „Taube" genannt wird (2, 14; 5, 2; 6, 9; vgl. 1, 15 u. 4, 1). Das gibt allen Grund anzunehmen, abgesehen von der Taufe Jesu, daß wenn der Hl. Geist auf Jesus herabsteigt in Gestalt einer Taube, dies bezeichnen soll, daß Jesus und der Hl. Geist, unauflöslich vereint diese „Taube" erscheinen lassen, vollendet wie die Braut des HL, das heißt das neue Volk Gottes im Zeitalter der Gnade. So kann auch der Vorläufer, glücklicher Zeuge dieser Offenbarung, hierzu von Jesus erklären: „Wer die Braut hat, ist der Bräutigam" (Jo 3, 29)[23]. Wir können im Augenblick diese so wichtige Frage nicht weiter verfolgen, denn eine eingehende Studie würde uns von unserem vorliegenden Vorhaben weit wegführen. Wenn es nun beendet wird, genüge es festgestellt zu haben, daß die Apokalypse nicht die einzige Schrift ist, die die religiöse Interpretation des HL bezeugt: die einmütige evangelische Überlieferung (Synoptiker und viertes Evangelium) bezeugt sie im selben Sinn.

[23] Wir verweisen hier auf eine ältere Arbeit, die wir gern wieder aufnehmen möchten, um sie zu vollenden: Le symbolisme de la colombe dans les récits évangéliques du Baptême, Recherches de Science Religieuse, 1958, 524–544.

SCHLUSSTEIL

Heutzutage ist es gängige Münze geworden, zwei exegetische Richtungen zu unterscheiden und zugleich sie scharf entgegenzusetzen. Es gibt die retrograde Richtung („Exegese retro" sagt man zuweilen despektierlich), die eifrig darauf bedacht ist, den eingewurzelten, mehr oder weniger alten Einstellungen anzuhängen, alten, also jedenfalls solchen, die vor der Zeit der modernen hochentwickelten exegetischen Wissenschaft liegen. Und anderseits gibt es die progressistische Richtung, die sich allen Forschungsmethoden zur Bibel weit öffnet. In Wirklichkeit ist die progressistische Exegese jene, die einen höchst zu wünschenden Fortschritt im Verständnis des Wortes Gottes erzielt, nicht unbedingt identisch mit einer Exegese, die sich progressistisch nennt und es sich einbildet, eine solche zu sein. Zu diesem Thema hat unsere Untersuchung sehr bezeichnende Feststellungen machen können.
Wollte man sich an die alte Exegese von der „Frau mit der Sonne bekleidet" Apk 12 halten, die am meisten bezeugt ist (spezielle marianische Exegese gab es ja nur ausnahmsweise), würde das heißen, diese Frau versinnbilde vor allem, wenn nicht sogar ausschließlich, sowohl das Volk Gottes des Alten Bundes als auch die christliche Kirche. Nun gibt es bei dieser exegetischen Richtung, bei der sich die meisten heutigen Verfechter der sogenannten wissenschaftlichen Exegese versammeln, wilde Feindseligkeit gegen jeden Bezug, der der Jungfrau Maria eigens gelten würde. Diese Exegeten unterscheiden sich von den alten darin, daß sie mehr Hypothesen aufstellen, mehr geniale als solide, wobei sie der außerbiblischen Vergleichsforschung zu Lehen gehen, um dieser erstaunlichen Vision gerecht zu werden: Die Frau, wie Johannes sie sah, steht im Strahlenkranz des göttlichen Ruhmes und liegt zugleich danieder in den Schmerzen eines gräßlichen Gebärens (Apk 12,1–2 „Am Himmel erschien ein großes Zeichen: Ein Weib, bekleidet mit der Sonne, der Mond zu ihren Füßen und eine Krone von zwölf Sternen auf seinem Haupt. Sie war gesegneten Leibes und schrie in ihren Wehen und Geburtsnöten").
Nun glauben wir wissenschaftsgerecht gezeigt zu haben, daß die Apokalypse sich gut erklären läßt, wenn man ausgeht von den biblischen

Gegebenheiten des Alten wie des Neuen Testamentes. Wir wollen gewissermaßen den Finger darauf legen, daß nur die Exegese, die in der „Frau mit der Sonne bekleidet“ an erster Stelle die Mutter Christi sieht, imstande ist, sowohl dem Buchstaben des Textes, der sich auf die Weissagung des Isaias zur Mutter des Emmanuel bezieht, als auch dem allgemeinen Kontext, in dem sich Apk 12 befindet, gerecht zu werden (Is 7, 14: „Drum wird der Allmächtige selbst euch ein Zeichen geben: Siehe, die Jungfrau wird empfangen und einen Sohn gebären und ihn ‚Emmanuel‘ nennen.“). Denn es ist die Frage zu beantworten: Warum setzt die Apokalypse hier zu einem neuen Anfang an, und warum tritt die Frau gerade an dieser Stelle auf, nachdem das 11. Kapitel wie ein Finale uns zum Erschallen der letzten Posaune geführt hat, also bis zum Weltende? Die beiden prophetischen Teile der Apokalypse, der eine mit Bezug auf die gesamte Welt, der andere mit Bezug auf die Kirche, lassen uns erkennen, daß das Tun Christi ganz besonders die Kirche, aber in gleicher Weise die Menschen aller Zeiten erfaßt. Die Mutter Christi, die beim Beginn der Kirche den Vorsitz führt, erscheint ganz folgerichtig hier, wo der prophetische Teil beginnt, der der Kirche gilt.

Wenn etwas hindern sollte, in Apk 12 ganz einheitlich die Geburt (und damit die Mutter) des persönlichen Messias und die Geburt des neuen Volkes Gottes zu sehen, dann wird das Hindernis beseitigt, wenn die Zitate nicht isoliert sondern aufeinander bezogen gesehen werden: 12, 5 „sie gebar einen Sohn, der alle gegen Gott aufsässigen Völker mit eisernem Zepter regieren sollte“ und „sie gebar einen Knaben“ (Is 66, 7), wenn das neue Volk Gottes, der Messias, auf synthetische Art betrachtet wird, sowohl in seiner Einzigkeit, die ihn zu einem menschlichen Sein macht, einzig in seiner Art, wie ebenso zu einem Sein, das gleicherweise „der Erstgeborene unter vielen Brüdern“ (Röm 8, 29) ist.

Nun ist der synthetische Charakter allen großen Prophetien der Bibel zu eigen, besonders aber, wie wir gezeigt haben, der Apokalypse, sei es ihrem ersten prophetischen Teil, (Kap. 4–11), sei es dem zweiten (Kap. 12 bis Ende). Daß in Apk 12 der persönliche Messias erwähnt wird, kann nicht bestritten werden, wird doch im zweiten Teil von Vers 5 der Psalm 2, 7 zitiert: „Er sprach zu mir: Mein Sohn bist du! ... Du magst sie zerschmettern mit eiserner Keule ...“. Und diese Erwähnung zieht in gleicher Weise die der Mutter Jesu nach sich, denn die biblische wie auch die jüdische Tradition kennt nicht die Idee eines Kollektives, das die Mutter eines persönlichen Messias sein könnte.

Wir sind uns lebhaft bewußt, daß unsere Erklärung von Apk 12, die ja teilweile neu ist, nur angenommen werden kann, wenn folgende Bedingungen erfüllt werden: 1. Man kehre zurück zu der einzig wissenschaftlichen Auslegung von Is 7, 14, eine Auslegung, die ein so strenger Exeget wie Lagrange nie in Zweifel gezogen hat: Is 7, 14 ist eine echte messianische Prophetie ersten Ranges, schon im Literalsinn; 2. Die Kindheitsberichte von Mt und Lk, die auf diese Weissagung dringlich hinweisen anläßlich der jungfräulichen Empfängnis Jesu, berichten wirkliche Fakten; 3. Die Worte Jesu, die das vierte Evangelium berichtet und die das Leiden Jesu mit einer Geburt vergleichen (Jo 16, 20–22) und jene, mit denen Christus am Kreuz die geistige Mutterschaft Mariens proklamiert (Jo 19, 25–27), sind authentische Worte Christi und nicht spätere theologische Ausdeutungen.

In der Tat ist allen diesen biblischen, nachdrücklich synthetisierten Gegebenheiten eigen, auf „die Frau mit der Sonne bekleidet" im 12. Kapitel der Apokalypse hinzuweisen.

Man wird oft gefragt, warum in Kana oder auf Kalvaria (Jo 2, 4; 19, 26) Jesus seine Mutter „Frau" nennt. Das tat er, weil er sie auf den einzigen Platz gestellt sah, der in der Heilsgeschichte der ihre ist, an der Seite des neuen Adams, mit ihm eng verbunden, als neue Eva, berufen das Volk Gottes im Zeitalter der Gnade zu gebären – was im übrigen keineswegs hindert, daß der menschgewordene Sohn Gottes der einzige Erlöser der Menschheit bleibt. Das 12. Kapitel der Apokalypse sagt uns dasselbe über die Mutter Jesu aufs neue. Obendrein läßt es, in Bezug gesetzt auf das Hohenlied 6, 10 in ihr die mystische Braut Christi recht eigentlich erkennen:

„Wer ist's / Die wie Morgenrot niederscheint, / Schön wie der Mond, / wie die Sonne so klar, / Dräuend gleich einem Heerbann? –".

Von ihr erhält das neue Jerusalem der letzten Kapitel der Apk, Braut oder Gattin des Lammes, seinen Glanz und seine Kraft, wie sie in HL 6, 10 gerühmt sind. Wir können hier einen schönen Text des hl. Albert des Großen zitieren, in welchem Maria von den Dienern des Evangeliums sorgfältig unterschieden wird: „Die glückselige Jungfrau Maria ward nicht erwählt Dienerin zu sein, sondern Braut und Gehilfin gemäß dem Wort der Genesis: „Ich will ihm eine Gehilfin machen, die zu ihm paßt!" (Gen 2, 18). Die glückselige Jungfrau Maria ist nicht Ersatz oder Instrument, sondern Helferin und Gefährtin *(non est vicaria sed coadiutrix et socia)*, denn sie nimmt teil am Reiche des Christus-Priesters, wie sie Teilhaberin an seinem Leiden ist"[1]. Man sieht, zu welchen, teils neuen Folgerungen eine vorsichtige Studie zu Apk 12 führt.

Ergiebiger sind die Feststellungen, die wir zum Hohenlied treffen konnten. Sogar wenn die alten Autoren einmütig den religiösen Gehalt dieses faszinierenden Liebesgedicht-Werkes bezeugen, meint man verpflichtet zu sein anzuerkennen, daß es uns kaum mehr als schöne Bilder liefert, nicht aber ein wahrhaft wissenschaftliches Argument, mit dem die religiöse Bedeutung bewiesen wäre.

Nun hat aber die moderne wissenschaftliche Exegese einen höchst paradoxen Zustand geschaffen. Wenn zufällig eine Anzahl katholischer Erklärer, befallen von krankhafter Furcht zu spät zu kommen, die eine oder andere der vielen erotischen Auslegungen des Hohenliedes angenommen hat, gewöhnlich aufgefordert von der außerbiblischen Vergleichsforschung, und zwar der unbesonnensten mit all dem Stoff, das der Vorderorient an alter amouröser Literatur liefert, dann sollte man nicht allzu überrascht sein. Viel erstaunlicher muß es uns vorkommen, wenn ultrakonservative Exegeten all diesen Kommentaren gegenüber nichts finden, was sie auf dem Feld der Wissenschaft wirksam entgegenstellen könnten, und dann harmlos eingestehen, nur die Zuschreibung zum Kanon der heiligen Bücher seitens der Juden wie auch der Christen garantiere den inspirierten und religiösen Charakter des Hohenliedes.

Die Seiten, die wir dem Hohenlied widmen, sind dazu bestimmt, aus dieser Sackgasse herauszuführen und die wissenschaftliche Deutung des Hohenliedes voranzutreiben – gemäß der neuen Sicht, die der Kommentar ermöglicht, den R. Robert mit großen Eifer dankenswerterweise verfaßt hat. Wir erkennen den Bezug von HL 6, 10 zu Apk 12, 1 voll an und versuchen evident zu machen, daß die kluge Verwendung des Hohenliedtextes durch Johannes nicht nur dem entspricht, was die Erfüllung der Isaiaskapitel 60–61 in den letzten Kapiteln der Apk angeht, sondern obendrein ganz konform der fundamentalen Bedeutung des Gesamtgutes dieses Liebesgedichtes, die eine höchst religiöse ist, so wie die alte jüdische und christliche Tradition vertreten hat, gestaltet wurde.

Wir haben folgendes Faktum festgestellt. Völlig unerklärlich auf der Ebene gewöhnlicher menschlicher Liebe, wie dies der neue Kommentar von M. H. Pope zugibt, ist die gleichzeitige Rühmung der Schönheit und

---

[1] Mariale 9, 42, zitiert von Kardinal P. Philippe, La Très Sainte Vierge Marie et le Sacerdoce, Paris 1974, 80. (Anm. d. Übers.: Albert ist allerdings nicht der Verfasser, wie A. Fries CssR, Hennef, nachgewiesen hat, in Bäumker-Beiträge XXXVII, 4 S. 34–51, doch ist das Mariale immerhin wahrscheinlich 650 Jahre alt.

dräuenden Macht der Braut in HL 6, 10, deren Entsprechung in der übermenschlichen Schönheit der Braut, mit der Sonne bekleidet..., der Siegerin über den höllischen Drachen, im Glanz und Triumph über die Feinde des neuen Jerusalem, der Braut Jahwes in Is 60–62, endlich in den letzten Kapiteln der Apokalypse vom neuen Jerusalem, der Braut des Lammes, wo formal auf die Weissagung Is 60–62 verwiesen wird. Wie kann man die Beweiskraft dieser Entsprechungen nicht sehen? Was gehindert hat, im Hohenlied die großen prophetischen Themen wahrzunehmen, ist die Umwandlung, die der Dichter mit ihnen angestellt hat, indem er alles auf eine interpersonale eheliche Liebe zurückführt!
Wir sind uns wohlbewußt, daß unsere Folgerungen zur Auslegung des Hohenliedes nur denen annehmbar erscheinen, die das Prinzip der Exegese unterschreiben, das sich uns als evidente Wahrheit auferlegt, wie wir meinen, und in unseren Augen eine souveräne Bedeutung beanspruchen kann: jeder biblische Text, wie immer er sein mag, darf nicht zuerst von außen her ausgelegt werden – mit Hilfe einer außerbiblischen Vergleichsforschung, sondern ist zuerst und vor allem von innen her zu interpretieren, mit Hilfe der religiösen Überlieferung, die dem Volk Gottes, sei es im Alten, sei es im Neuen Bunde, eigentümlich ist.
Viele Ausleger, selbst ultrakonservative, haben diese Schwierigkeit vorgebracht: Wie kommt es, daß das Hohenlied niemals im Neuen Testament benutzt worden ist? Nun wäre es gewiß *a priori* unwahrscheinlich, daß ein Text des Alten Testamentes, der wie dieser ganz von der Liebe handelt, das heißt von der Wirklichkeit, die dem Bündnis so sehr am Herzen liegt, nicht in Betracht gekommen wäre im Dienste der christlichen Offenbarung, die im Wort des hl. Johannes aufgipfelt: „Gott ist die Liebe!“ Wir hegen die Überzeugung, daß das Neue Testament wirksam von Zeit zu Zeit auf das Hohelied Bezug nimmt. Die vorliegende Untersuchung liefert für dieses Faktum einen Beweis, der allerdings nicht alles erfaßt, aber mit dem was er erfaßt sehr überzeugt, wie wir meinen.
Eine Schlußfolgerung aus dem Gesamtgut, die sich durch besondere Stärke auszeichnet, scheint uns, auch im Hinblick auf unsere Arbeit, die enge Verbindung der beiden Testamente miteinander zu sein. Um diese Beziehungen aufzudecken, genügt nicht, eine Konkordanz zu wälzen. Gewiß erlaubt dieses kostbare Arbeitswerkzeug die Kolonnen des Vokabulars abzufahren und zahlreiche Themen zu finden, eingewurzelt im Alten Testament und entwickelt im Neuen. Aber wenn diese Forschungsmethode die einzige bleibt, bleibt sie meistens an der Oberfläche der Dinge haften.

Nie genug kann man betonen, daß ein Spezialist des Neuen Testamentes es nicht hoch genug schätzen kann, wenn er zu einem längeren Aufenthalt im Alten Testament gekommen ist und es für sich selbst erforschen konnte. Ich denke an die unermeßliche Wohltat, die ihm zuteil werden kann, wenn er die prophetischen Schriften aufmerksam liest, findet er hier doch das Herzstück der Religion Israels.

Eine Botschaft unermeßlicher Tragweite schenken uns Amos, Osee, Isaias, Jeremias und die ganze eindrucksvolle Reihe der Propheten, die folgen, wobei der letzte von allen, Daniel, nicht vergessen sei, der selbst wo seine literarische Form, in der er sich auszudrücken pflegt, uns verwirren kann, deshalb nicht weniger an mehreren wichtigen Stellen uns auf die Predigt Jesu vom doppelten Mysterium des Reiches Gottes und des Menschensohnes unmittelbar vorbereitet. Um es mit Pascal zu sagen, der größte Beweis für Jesus Christus sind die Prophetien. Diese Sicht ist völlig exakt, selbst wenn man einräumen muß, der Dichter der Pensées kann dies nicht ohne Diskussion rechtfertigen, konnte seine Exegese doch nur defizitär sein. Neuerlich kam ich dazu, mit Evidenz aufzuzeigen, daß die von Christus uns gebrachte Offenbarung jene, die uns die Propheten geschenkt haben, weit übertrifft[2].

Während die Propheten trotz Erleuchtungen und außergewöhnlichen Erscheinungen, mit denen sie beschenkt wurden, im Bereich des Glaubens verblieben – wie wir alle, wurde hingegen die menschliche Seele des Mensch gewordenen Gottessohnes diesem Bereich gänzlich vorenthalten, und wenn man von dem Glauben Jesu Christi spricht, wie es heute oft geschieht, dann geschieht das gegen alle evangelischen Gegebenheiten. Wer aber einmal den unermeßlichen Abstand von den Propheten zu Jesus erwogen hat, wird er nicht zustimmen, daß Gott vor allem durch die Propheten uns vorbereiten wollte, die Stimme seines eigenen Sohnes zu hören und zu verstehen?

André Feuillet

---

[2] La Science de vision de Jésus et les Evangiles, in Doctor Communis 36 (1983) 158–179. Ich kann nicht die Reflexion billigen, die übrigens nur nebenbei, *R. Laurentin* geäußert hat: „On a eu raison de contester les sciences infuses (qu'on accumulait dans le Christ) et sans doute aussi la vision béatifique, unanimement reconnue durant les siècles" (Les Evangiles de l'enfance du Christ, 495).

MARIA IN DER NEUSCHOLASTISCHEN THEOLOGIE AM BEISPIEL JOSEPH KLEUTGENS

Summarium:

Joseph Kleutgen aus Dortmund, 1811–1883, seit 1834 Jesuit, seit 1843 bis zum Lebensende in Rom, tätig als Sekretär des Ordensgenerals, Studienpräfekt im Germanicum und an der Gregoriana, Consultor der Indexkongregation, Mitarbeiter beim 1. Vaticanum und 1879 an der das Thomasstudium stark empfehlenden Enzyklika Leos XIII. „Aeterni Patris", erreichte mit seinen Büchern „Theologie der Vorzeit" und „Philosophie der Vorzeit" die Überwindung der Schulen Hegels und Hermes' und das Wiederaufleben der thomistischen Scholastik an den deutschen kirchlichen Hochschulen. Persönlich ein eifriger Marienverehrer, hätte er gewiß wie sein Schüler Matthias Joseph Scheeben in der geplanten mehrbändigen „Dogmatik" der Mariologie den gebührenden Platz gegeben, doch er starb kurz nach Veröffentlichung des 1. Bandes. Doch unter seinen dogmatischen Predigten handeln vier so eindrucksvoll von Maria, daß man ihm den Ehrentitel eines Mariologen geben muß.

1. Lebensgang

Seine Heimatstadt Dortmund, einst berühmte freie Reichs- und Hansestadt zwischen Rhein und Weser, war in seinem Geburtsjahr 1811 zu einer Ackerbürgerstadt herabgesunken, unter viertausend Einwohner, ihr Handel infolge der Kontinentalsperre Napoleons verkümmert. Die Kaufmannsfamilie leistete sich keinen Luxus, konnte aber ihrem Joseph das Hochschulstudium bezahlen. Er hatte vier Geschwister und war erst neun Jahre alt, als der Vater starb; die Mutter heiratete wieder, und mit fünf Stiefgeschwistern zählten sie also zehn Kinder, deren Erziehung üblicherweise keine Mühe machte, zumal man früh lernen mußte selbstständig zu sein. Zwei Schwestern traten ins Kloster, die dritte wurde Lehrerin; alle drei starben früh. Zwei Stiefbrüder wurden Geistliche, eine Stiefschwester, die jüngste der zehn, trat in Sacre Coeur ein und wirkte dort bis ins betagte Alter. Josephs Gesundheit war schwach, als Quartaner schon mußte er für zwei Jahre die Schule aussetzen, erwies sich aber als so gut begabt, daß er leicht einholte, was versäumt war, und als bester das Abitur bestand. Erste Beichte und Erstkommunion des 14jährigen hatten zwar tief eingewirkt – im Alter erinnert sich Kleutgen gern mit Dank gegen Gott an diese gnadenreiche Kindheit – aber der Primaner an dem evangelischen Gymnasium in Dortmund, das ihn religiös kaum fördern konnte, war lau geworden, las zwar am liebsten Klopstocks Messias, aber zuviel anderes, Schiller, Körner, Lessing, Herder. Doch einer seiner Lehrer besaß im hohem Grad die Gabe, seine Schüler zu selbständigem Denken anzuregen, und als er die Gespräche des Sokrates bei Xenophon durchnahm, schlug für Joseph die Sternstunde, er spürte deutlich, schrieb er in sein Tagebuch, das Verlangen, sich zur Wahrheit mit eigenen Kräften aufzuschwingen, sie aus den Gründen zu erschauen und sie mit seinem Denken zu durchmessen: der Philosoph war geboren. Zwar wußte der Abiturient nicht recht, was er studieren sollte. In München schrieb er sich als Philologiae studiosus ein, hörte zwei Semester Vorlesungen über Plato, Pindar, Demosthenes und Horaz, mehr aber über Ästhetik und Kunstgeschichte. Der Kleinstädter wanderte durch die Museen, begeisterte sich auch am Theater, wenn Schiller aufgeführt wurde, doch Schelling und Baader interessierten ihn damals nicht. Das wurde anders, als er zwei weitere Semester nach Münster ging, dort fand er Anschluß an große kirchliche Persönlichkeiten, Kellermann den Exegeten und Domprediger, den er sich zum Beichtvater nahm, Katerkamp, den Kirchenhistoriker, der ihn gern zum Nachfolger gewünscht hat, Berlage, den Apologeten, und vor allem den Philosophen Schlüter, der ihn für die spekulativen Studien begeisterte und mit ihm und anderen aufgeschlossenen Studenten die Nächte über Friedrich v. Schlegel, Baader und Günther diskutierte. Inzwischen hatte sich der junge Studiosus bekehrt, vor allem durch das Erlebnis und gute Beispiel, das ihm zwei Freunde gaben, die heiligmäßig starben. Der eine hatte ihm erklärt: ich habe mein ganzes Leben studiert. Sollte ich denn nicht gelernt haben, was jeder Bauer können muß: sterben? Der andere rief aus, was Kleutgen unvergeßlich hörte: „Welch ein seliger Gedanke, eine Gemeinde zu Christus zu führen!“ Wegen TB hatte dieser diesen Jugendtraum aufgeben müssen.

Kleutgen studierte jetzt Theologie, Kellermann ließ ihn eine Art Examensarbeit schreiben, merkwürdigerweise einen Kommentar zum Matthäusevangelium, was gewiß kein Meisterwerk werden konnte, zumal der junge Mann sich aufs Dichten verlegt hatte. Er geriet über Schlüter in den Kreis der alten Gräfin Stolberg und der damals 30 Jahre jungen Annette von Droste Hülshoff auf Schloß Rüschhaus. Schlüter bat sie um ein Urteil über die frischen Gedichte seines Schülers und erhielt die kluge Antwort: „Diesen Mann hat das Gefühl zum Dichter gemacht, und das größte Verdienst dieser Blätter liegt in der Kraft und Wahrheit desselben, mehr als im eigentlich poetischen Werth“. Joseph verfügte also über eine dichterische Ader, und das sei deshalb erwähnt, damit wir ihn uns nicht als trockenen, unkünstlerischen, uninteressierten Theologen vorstellen und als Gegenbeweis werde eine Strophe zitiert, die überschrieben ist:

An Maria.
Ob den Grüften der Erde, welche die Nacht umgraut
Ob dem weiten Gefild, welches der Schmerz durchtönt,
Schwebst im Glanz der Verklärung
Du Maria mit mildem Blick
Um dich wallet ein Meer himmlischer Gnadenfüll'
Er selbst, dem sie entströmt, schlummert an deiner Brust;
Engel lächeln hernieder
Aus der Wolke, ob der du ruhst.

Diese sog. asklepiadische Strophe sei nicht weiter analysiert, doch zeugt sie von der nunmehr beruhigten Seelenlage des jungen Theologen; uns aber sei sie eine erste Begegnung mit seiner Marienverehrung, die ja unser eigentliches Thema ist.

Eine zweite Begegnung folgt bald. Denn unser Joseph siedelte in das Paderborner Priesterseminar um, empfing die niederen Weihen und die Weihe zum Subdiakon, hatte sich aber entschlossen, in einen Orden zu treten. Er hatte sich direkt an den General der Jesuiten in Rom gewandt, wollte Jesuit werden, obwohl er noch nie einen Jesuiten gesehen hatte – nur Maldonats Evangelienerklärung hatte er studiert; bekam die Zusage und Anweisung, nach Fribourg in der Schweiz ins Noviziat zu gehen. Das bedeutete damals einen Abschied von der Heimat, womöglich fürs ganze Leben. Darum machte Joseph jetzt eine Wallfahrt zur Trösterin der Betrübten nach Werl, dem Gnadenort der Dortmunder. Er hatte in Münster die mystischen Schriften des hl. Johannes vom Kreuz gelesen, die Wallfahrt nach Werl bestärkte seinen Entschluß und seine ideale Gesinnung zum Großmut des Opfers, Strebens nach Vollkommenheit und steten Gebetes.

Es wurde tatsächlich ein Abschied fürs Leben. Zwar wurde er schon nach drei Jahren zum Priester geweiht, erhielt einen Lehrauftrag für die jungen

Ordensstudenten in Brieg in der Schweiz, wurde dann als Untersekretär des Jesuitengenerals nach Rom berufen, brachte es bald zum ersten Sekretär, nebenbei im Germanikum untergebracht als Beichtvater und Dozent für die Predigerausbildung, doch erst 1851 wurde er von der päpstlichen Kurie herangezogen, als Konsultor der Indexkongregation. Beim 1. Vatikanischen Konzil hatte er zusammen mit P. Franzelin die Konstitution De fide catholica umzuarbeiten, als Berater des Paderborner Bischofs Martin auch das Schema über die päpstliche Unfehlbarkeit. Höhepunkt seiner römischen Tätigkeit – er war auch Studienpräfekt an der Gregoriana – wurde die Mitarbeit an der Enzyklika Leos XIII. Aeterni Patris vom 4. August 1879, die das Studium der Werke des hl. Thomas, des Engels der Schule, vorschrieb. Kardinal ist er nicht geworden, verdient hätte er es gehabt, nannte ihn doch Papst Leo den princeps philosophorum und sein Schüler Scheeben gab ihm später den Ehrentitel Thomas redivivus. Sein Gesundheitszustand war früh hinfällig geworden. In Kaltern in Tirol, wo er nach einem Schlaganfall Genesung suchte, starb er am 13. Januar 1883, 72 Jahre alt.
Gibt es nun, wie mein Thema lautet, ein Beispiel Kleutgens für Maria in der neuscholastischen Theologie? Wenn geantwortet werden könnte, ja, er ist ein Mariologe der Neuscholastik, er hat ein Buch oder Bücher über Maria geschrieben, wäre das Thema klar und rundum zu behandeln. Nun hat Joseph Kleutgen zusätzlich zu seiner stets voll- ja übervollen Berufsarbeit eine Menge Bücher geschrieben, Hauptwerke und kleinere Schriften, aber kein Werk direkt über Maria. Die fünf Bände Theologie der Vorzeit von 1853, 1867 in 2. Auflage, und die zwei Bände Philosophie der Vorzeit 1860, 1878 in 2. Auflage, übersetzt ins Französische und Italienische, schließlich 1881 der 1. Band einer auf acht Bände geplanten Dogmatik, die nach seinem Tode unvollendet liegen blieb, bringen nichts Direktes. Nun ja, die Mariologie gehört so eng und innig verbunden zur Christologie, daß ein guter Christologe, wie Kleutgen es ohne Zweifel war, nicht kein oder ein schlechter Mariologe sein kann. Suchen wir also nach Indirektem, denn es kann heute unser Thema nicht näher auf seine Hauptwerke bezogen werden, die ihn immerhin als einen der führenden Theologen seiner Zeit ausweisen. Nur zwei Bewertungen dazu: Diese Werke, urteilt der Kölner Scheebenforscher Carl Feckes doch wohl kompetent, haben die eigentliche wissenschaftliche Überwindung des Hermesianismus gebracht, und seine Hegelkritik, hebt Gottlieb Söhngen hervor, ist heute noch lesenswert, keineswegs veraltet.

Kleutgen zählt nämlich zu der Gruppe damals in Rom lebender und von Rom aus wirkender Thomasforscher wie Perrone, Passaglia, Liberatore, dann seine Germanikumfreunde und Schüler Reisach, Franzelin, Scheeben, Hettinger, Hergenröther, Schrader, die hinter der neuthomistischen Zeitschrift Civilta Cattolica standen, dann auch am „Mainzer Katholik" mitarbeiteten, der Zeitschrift, die in Deutschland die Scholastik wiederaufleben machte. So unabhängig diese Gelehrten voneinander blieben, so tauschten sie sich doch aus mit den aus der Vorzeit entdeckten Schätzen, wobei unter Vorzeit Kleutgen nicht nur die Scholastik des Mittelalters verstehen wollte, sondern auch die Zeit der Väter und der Vorscholastik bis zur Spätscholastik, die in Spanien ihre Blütezeit erlebte, also von Augustinus zu Gregor, von den Kappadoziern zu Johannes von Damaskus, von Beda zu Bonaventura, Scotus zu Kajetan, Soto, Toledo, Suarez, Vasquez, Lugo, Lessius, de Ponte, natürlich in erster Linie Thomas. Da war vieles vergessen gewesen, war als rationalistische Scholastik geschmäht und abgelehnt worden, erwies sich aber mit dem Gewicht solcher Autoritäten und vor den scharfen Augen selbstloser Wahrheitssuche als Philosophia perennis, als unverzichtbare göttliche Gabe und wahre ancilla theologiae.
Es ist nicht unsere Aufgabe, geschichtlich darzustellen, wie die Neuscholastik ihren Siegeszug antrat und die Lehrstuhlinhaber, die Kantianer oder Hegelianer waren, ablösten, und so soll es dahingestellt bleiben, was es mit dem u. E. ungerechten Vorwurf ist, die Neuscholastiker hätten im Gegensatz zu ihren liberalen Kollegen Döllinger, Hefele, Kuhn, Günther den Dialog mit den übrigen Wissenschaften und darüber die Versöhnung mit der modernen Bildungswelt überhaupt nicht gesucht. Kleutgen war kein Polemiker und deshalb sehr enttäuscht, so wenig Echo zu erhalten, auch keine Besprechung geschweige denn Widerspruch. Er mußte sich damit begnügen, zu wissen, daß seine Bücher gelesen wurden. Später urteilte hierüber der bekannte Jesuit Tilmann Pesch: „Gerade solche entsprechend hoch vorgebildete Fachleute, also solche, die ernstlich die Wahrheit suchen, lesen sein Werk, studieren es, benutzen es, nehmen den Inhalt in ihr Denken auf, aber sie sprechen nicht davon. Kleutgen tritt nicht auf als Schulhaupt, denn wer ihn studiert, studiert nicht Kleutgen, sondern das, was Kleutgen studiert hat!"
Wo finden wir nun das Indirekte für unser Thema? Wenn wir die fünf Oktavbändchen „Kleinere Werke" durchmustern, zumeist im Mainzer Katholik zuerst veröffentlichte „Briefe aus Rom" und einige Leben frommer Diener und Dienerinnen Gottes aus den Missionsgebieten, finden

wir eine Menge Stellen, wo beiläufig eine tiefe praktische Marienverehrung deutlich wird. Konkrete Berichte über Wallfahrten, Marienfrömmigkeiten, Festlichkeiten, Mariengebete, Gebetserhörungen – sie alle hat der große Gelehrte für erwähnenswert gehalten, für lobenswert, aber sie hier wiederzugeben, verlangt zuviel Zeit, doch lesbar ist das alles heute noch.

Nur ein Beispiel – Kleutgen nennt es „Augenzeugenbericht von 1853", wozu er aber gewiß die Formulierung geliefert hat.

Ein junger Mensch von sehr angesehener Familie, aber verwilderten Sitten, stellte der Unschuld eines Mädchens von geringem Stande nach, das unweit der Stadt (Tivoli) in der Nähe der Straße nach Subiaco wohnte, und jeden Sonntagmorgen zu der „Congregation der Mutter Gottes" in die Stadt zu kommen pflegte. Als eines Tages sich ihr der Verführer mit Frechheit näherte, wies ihn die mutige Jungfrau, da Worte nicht halfen, mit einer Maulschelle zurück. Von der Stunde kochte Rache in der Brust des Wüstlings. Am folgenden Sonntag erwartete er sie außerhalb der Stadt auf der Landstraße nicht weit von der Wiese, über welche (seit kurzem) der Anio zu dem Abgrund hingeleitet ist. Ihrer Gewohnheit nach kam das Mädchen bald des Weges, aber diesmal von der Stiefmutter begleitet; sie trug einen Blumenstrauß, den sie auf dem Altar vor dem Bild der schmerzhaften Mutter niederlegen wollte. Eben bog sie um ein unbewohntes Haus, das dort an der Straße liegt, als ihr der Wüterich mit gezücktem Dolch in den Weg trat, und ihr sofort mehrere Stiche um den Hals versetzte, bis sie von Blut überronnen, die schmerzhafte Mutter anrufend, niedersank. Der Meuchler entfernte sich, auf das Wehgeschrei der Stiefmutter aber waren einige Leute herbei geeilt; das Mädchen ward in das Haus getragen, und in großer Eile nach dem Beichtvater geschickt.

Indessen kamen auch zwei Polizeisoldaten, und als sie nach dem den Umstehenden schon bekannten Mörder fragten, zeigte man auf die Wiese hin, wo er in einiger Entfernung von der Straße mit unerhörter Frechheit das Ende seiner Bluttat erwartete. Sie eilen auf ihn zu; er flieht und wirft sich in den Strom. Aber obwohl ein geübter Schwimmer, kann er das andere Ufer nicht erreichen. Die Flut treibt ihn abwärts den Felsen zu. Schon nähert er sich dem Abgrund; er ringt mit aller Kraft, vergebens. Die gewaltige Strömung in der Nähe der Schleusen ergreift ihn, und indem sein verzweifeltes Geheul sich mit dem Tosen der Fluten vermischt, wird er in den Abgrund zwischen den zackigen Felsen und schäumenden Wogen hinabgeschleudert. Man hat ihn nie wiedergesehen; nur fand man nach einigen Tagen fern von der Stadt am Ufer des Flusses ein ausgeworfenes Menschbein.

Währendessen fanden jene, die um das Opfer seiner Rache beschäftigt waren, daß die Jungfrau dem Tode nicht so nahe war, als sie geglaubt hatten. Man trug sie in das Krankenhaus und bald stellte die ärztliche Untersuchung heraus, daß von den 14 Wunden, die sie empfangen hatte, keine gefährlich war. Sie genas viel rascher, als sich hoffen ließ, und am folgenden Sonntag trug sie ihre Blumen zu den Füßen der Jungfrau der Jungfrauen.

1854, am 8. Dezember, war er Zeuge der Dogmatisierung der Immaculata. Um 9 Uhr morgens ließ der Papst in St. Peter 50 Kardinäle und 200 Bischöfe zum Handkuß zu, um 10 Uhr begann das Hochamt, um viertel nach 11 zeigten Kanonenschüsse und Glockengeläute aller römischen

Kirchen das Ende an. Abends folgte große Beleuchtung der ganzen Stadt. Doch in demselben Brief, der ja nur einen Bericht liefern soll, kann Kleutgen es sich nicht versagen, die Dogmatisierung zu verteidigen. Die drei Einwürfe, die er aufnimmt und schneidig scholastisch beantwortet, seien hier zitiert: 1. Viele halten die Erbsündenlosigkeit für unmöglich; 2. andere fragen: Ist es nicht zweckwidrig, sich für eine Lehre dogmatisch zu entscheiden, die sich nicht klar und kräftig genug aus der Schrift und den Vätern beweisen läßt? 3. die frommen Strengen: Wozu sich mit solchen Lehren zarter Frömmigkeit befassen, wenn der ganze Erdkreis von so großen und schrecklichen Irrlehren verheert wird?

Er antwortet: ad 1. Für unmöglich konnten die Erbsündelosigkeit nur jene halten, die an der Wahrheit zweifelten; deren gab es nicht viele unter gut unterrichteten Katholiken bisher, jetzt aber kann es keine unter wahrhaft Gläubigen mehr geben! Denn, so begründet er, unzweifelhaft macht der Hl. Geist die Kirche nicht bloß unfehlbar in Glaubensentscheidungen, sondern er steht ihr auch bei, so höchst wichtige Handlungen nicht zur unrechten Zeit vorzunehmen und ihre höchste Gewalt nicht zum Schaden der Sache Gottes zu gebrauchen.

ad 2. Falls wirklich nicht nachweisbar, folgt nicht, daß die fragliche Lehre nicht in der mündlichen Überlieferung enthalten sei. Die Väterschriften sind nicht die Überlieferung selbst, sondern die Überlieferung ist das durch alle Jahrhunderte ununterbrochen fortdauernde mündliche Lehrwort der Kirche. Wenn Exegese und Väterlehre den Nachweis nicht bringen, dann ergeht an uns die ernste Aufforderung, den Grundsatz, daß es in der Kirche eine beständige Überlieferung gibt, durch die Tat zu bekennen.

ad 3. Ist es nicht den Absichten Gottes gemäß, daß es sich offenbart, wer das gottgegebene Lehramt frei und offen bekennt? Gegen den heutigen frechen Unglauben die ganze Fülle des Glaubens offen bekennen, ist das nicht ein Wink Gottes mit diesem tiefen und zarten Mariengeheimnis? Wenn die demütige und reinste Jungfrau aufs neue und außerordentlich verherrlicht wird, die Kirche aber in solcher Bedrängnis lebt, ist es nicht ein Wunder, wenn sie einen so großen Eifer für die Ehre Mariens an den Tag legt und das Glück des Reiches des Friedens und der Wahrheit uns hoffen läßt: er übt Macht ... Feindschaft setzen ... Hilfe der Christen!

Ein Jahr später schreibt Kleutgen mit gleichem Optimismus, wo er auf dieses durch die Dogmatisierung geheiligte Jahr zurückblickt: „Von Ärgernissen, Störungen oder bedeutenden Widersprüchen hat man wenig oder gar nichts vernommen; wohl aber ist der Glaube belebt, die

Andacht vermehrt worden, und dieser Glaube war nicht tot, noch diese Andacht unfruchtbar. Wie viele sind auch bei dieser Gelegenheit durch die Mutter zum Sohn geführt worden, und haben Versöhnung mit Gott und den Frieden für ihre Seele gefunden!" Kleutgen fühlt sich der Kritik gewachsen, was, nebenbei gesagt, ein Bonmot aus dieser Zeit bezeugt; er sagt: „Wir bedauern die alte Zeit, da man die Väter ohne viel Kritik studierte, doch wir heute studieren die Kritik ohne viel Väter!".

Nun aber finden wir endlich hin zu seiner Mariologie, die wir in einem Band der „Kleineren Werke" entdecken, nämlich in „Predigten" 1874 hgg. 1880 in 2. Auflage; unter diesen etwa 30 Predigten sind ein Zyklus dogmatischer Predigten, davon dann vier marianische, und in ihnen finden wir den Mariologen und gewiß den guten Mariologen. Gedruckten Predigten ist gewöhnlich das Schicksal beschieden, daß sie untertauchen in der Flut modernerer gedruckter Predigten. Bei Kleutgen müßte man eine Ausnahme machen und sie nicht unterschätzen. Die Ausnahme ist aus folgendem Grund besonders berechtigt. Wir hörten oben, daß der junge Jesuit bald einen Lehrauftrag in der Schweiz bekam, der sechs Jahre dauerte und von ihm die Unterrichtung der jungen Jesuitenstudenten, die man Scholastiker nennt, forderte, in Naturrecht und Rhetorik. Naturrecht wird das gewesen sein, was man heute Ethik nennt. Rhetorik aber interessierte ihn so sehr, daß die Frucht seines Bemühens ein lateinisches Lehrbuch war, das 21 Auflagen erlebte, zwei Übersetzungen ins Niederländische, und bis heute nicht überholt ist, wohl deshalb, weil es höchste Anforderungen stellt: Ars dicendi, die Kunst also der Rhetorik, des Sagens und Schreibens in gutem Stil und die Kenntnis aller Stilarten des Lateins in Poesie und Prosa. Quintilian und Cicero sind aufgearbeitet, dazu viele Beispiele aus Altertum und Mittelalter. Die Absicht des Verfassers ging noch über das Werk hinaus, er wollte die alte Disziplin der Rhetorik für das Studium retten oder wiederbeleben. Nach der Schulordnung der Vorzeit lernte der Schüler nicht nur übersetzen sondern das Latein sprechen, reden, dichten, und gleichzeitig auch die deutsche Sprache beherrschen beim logisch-rhetorischen Aufbau der Rede, Predigt oder einer Schrift. Ein Jahr zuvor – 1846 – hatte Kleutgen eine Schrift „Über alte und neue Schulen" herausgegeben, ohne sich damit durchzusetzen, denn in Deutschland ging die Tendenz in entgegengesetzte Richtung, nämlich den Schüler von der rhetorischen Disziplin zu befreien. Immerhin hat Kleutgen das Verdienst, wenigstens für den Jesuitenorden das Latein gerettet zu haben. Als Dozent in Brieg und dann fast vier Jahrzehnte im Germanikum hatte er selbst nun die Probe aufs Exempel zu bestehen. Die „Predigten" sind perfekt rhetorisch ausgearbeitet, teilweise wird er sie gehalten haben, etwa für Exerzitien, doch wird er jahrzehntelang daran gefeilt haben, um sie als überzeitlich verantworten zu können. Es gibt also dort keine aktuellen Beispiele oder modische Schlagworte, weder Apologetik noch Polemik, es sind keine gebrauchsfertigen „Predigthilfen". Vielmehr ist jede Predigt ein gerundetes Meisterwerk in Aufbau und Ausführung, Begründung und Beweisführung, angeschlossener Forderung und klarer Zielsetzung. Vergleiche zu Augustinus, Bernhard, Bossuet, Newman kommen nicht infrage; dem Urteil, das darüber sein Biograph gefällt hat, ist zuzustimmen: sie sind mehr unter der Studierlampe erarbeitet, sie sind also nicht attraktiv, doch jedenfalls sind sie nicht den Erzeugnissen anzureihen, die nicht und keineswegs unter der Studierlampe gearbeitet werden. Eher erfüllen sie denselben Zweck, den Kleutgen mit der Herausgabe seiner dogmatischen Werke verfolgte, die Verkünder der göttlichen Wahrheiten auf Kanzel und Lehrstuhl auf das feste Fundament hinzuweisen. So sind denn auch diese Predigten studiert worden, gewiß sehr hilfreich den Volksmissionaren jener Zeit, auch den damaligen Dogmatikern und sogar – wie wir jetzt sehen wollen – den Mariologen.

Schon die Themata der vier Marienpredigten sagen aus, daß sie mehr als angewandte Theorie sind, es sind keine scholastischen Thesen aufgestellt aus Gegebenheiten der Kirchenlehre, aus Hl. Schrift und aus Vernunftgründen, um dann verteidigt zu werden. Bei Predigten verläuft der Weg umgekehrt: ausgehend von gesicherten Glaubenswahrheiten, sorgsam bemüht, die Zuhörer zum Zustimmen zu bewegen, auf die sich ergebenden Forderungen einzugehen, gemeinsam Gott zu danken, ihm die Ehre zu geben, der die Gnade den Mitwirkenden verleiht. Die vier Titel erfassen gleichsam den ganzen Traktat, den die Dogmatik vorlegt, den später z. B. Scheeben an die Christologie angeschlossen hat: die Mutterwürde Mariens, ihre Heiligkeit, ihre Macht und ihre Güte. Denn alle Privilegien, Ausstattung, Begnadung und Berufung sind darin einbeschlossen, wie aus den Thesen, die den Titeln jeweils folgen, ersichtlich ist:

1. *Als Mutter Gottes und Mutter des Erlösers ist ihr die höchste Würde eigen, d. h. sie ist über alle Geschöpfe erhoben.*
2. *Ihre Gnadenfülle und ihr heiliges Leben erheben sie über alle Geschöpfe.*
3. *Ihr ist die Macht verliehen vor allen Geschöpfen, uns beizustehen, Gott will sie erhören, ihre Bitten erhören.*
4. *Ihre Güte ist außerordentlich, denn sie ist heilig, innigst mit Christus verbunden und uns zur Mutter gegeben.*

Und jeweils geht die These über die dogmatische Belehrung hinaus. Wie die gute Predigt eine Anwendung, den Vorsatz verlangt, der zu fassen ist, hat Kleutgen nicht unterlassen, diese Folgerungen zu nennen:

darum sollen wir sie mehr ehren als alle Geschöpfe
darum hat sie Anspruch auf unsere Verehrung und Liebe
darum will Gott, daß wir sie anrufen
darum will Gott, daß wir ihr danken,
also ehren wir sie, lieben wir sie, rufen wir sie an, danken wir ihr!

Bei der Analyse dieser Marienpredigten kann es uns nicht so sehr darauf ankommen, die rhetorische Technik anzuzeigen, sondern es ist zuerst die Lehre zu erheben, auf Grund welcher die Würde der Gottesmutter vorgeführt wird, so daß die Forderung nach entsprechender Verehrung als selbstverständlich, ja als Pflicht und gern übernommene Aufgabe erscheint. Aber auch hierin müssen wir uns mit einem Anfang begnügen, die Predigten sind so umfangreich und inhaltlich so gehaltvoll - zum Hören mochte jeweils eine Stunde erfordert gewesen sein, zum Lesen dieser glänzenden glatten Prosa bedarf es ruhigen Nachdenkens, wenn man eindringen und nicht nur überlesen will. Machen wir also nur den Anfang, vielleicht hört man meinen Vorschlag, einen Nachdruck dieser hochwertigen Marienpredigten zu veranstalten.
Die erste Predigt hat zwei Teile, Maria Mutter Gottes und Mutter des Erlösers.
Ausgehend von Lk 11, 27 „Selig der Leib, der dich getragen ...“ wird uns diese Stelle gemäß Beda erklärt: diese Frau aus dem Volke ist der Typus, das Vorbild der Kirche, denn die Kirche kann nicht Jesus preisen ohne der Mutter zu gedenken, ja die Kirche erkennt hier den Willen Gottes, erkennt ihre Pflicht, Maria zu ehren. Wer sich daran stößt - Kleutgen greift sofort den Widerspruch an - sollte wissen, daß die Kirche selbst wie Maria Zeichen des Widerspruchs ist, er erreicht mit seinem Widerspruch nur, daß die Kirche ihren Eifer, den Willen Gottes zu erfüllen, verdoppeln wird.
Sodann gibt es eine Prophezeiung bei Isaias, und Gott will, daß sie erfüllt wird: 45, 18 non in vanum creavit eam = der Schöpfer hat die Erde nicht vergeblich erschaffen, ist im Zusammenhang mit 45, 8 zu verstehen: die Erde öffne sich und sprosse den Heiland hervor. Die Prophetie wird im Magnificat fortgesetzt: Mich werden selig preisen alle Geschlechter. Wo nun Gott sich selbst einen Eiferer nennt - Is 42, 8 - eifernd für die seiner Majestät allein gebührende Ehre, wäre es dem Herrn ein Greuel, würde

solche Ehre einem Geschöpf zuteil. Wenn er es aber erhöht, darf das uns nicht gleichgültig lassen. Daß Prophetenworte im Alten Testament auf Maria zu beziehen sind, diese heute wiedergefundene Erkenntnis hat Kleutgen also schon vorweggenommen.

Das Zeugnis der Väter sei übereinstimmend, predigt er weiter, in den Fußnoten gibt er genaue Belege, nämlich für die Aussage Gabriels: der Heilige Geist wird über dich kommen, und der Elisabeth: du bist gebenedeit unter den Frauen, erhaben über alle Mütter, weil diese nicht Jungfrauen, über alle Jungfrauen, weil diese nicht Mütter, über alle Engel, weil diese im Vergleich zu ihr wie nichts sind. Doch nicht durch Menschen ist sie so erhaben, sondern durch Gott, ihre Zusage war die einer Braut, eine freiwillige Vereinigung mit dem Willen Gottes, eine Vermählung mit dem Dreimalheiligen Gott, keine bloß bildliche, sondern eine wahre Vermählung; der Titel Braut Gottes, den ihr mehrere Kirchenväter geben, ist also rechtens. Doch die Kirche hat sie von jeher als Mutter Gottes gegrüßt, ihr Sohn macht sie dazu, nicht nur weil Gottes Kraft dessen Menschheit in ihr bildete, sondern weil diese Menschheit mit dem ewigen Wort zu einer Person vereinigt ward. Maria gebar nicht eine menschliche Natur, sondern eine menschliche mit der göttlichen Natur zu einer Person vereinigten Natur, also den ganzen Christus, dem Vater an Macht und Herrlichkeit gleich. Wie einfach ist diese Darstellung! Wie nützlich die klaren Begriffe aus der Philosophie der Vorzeit! Jesus war eben keinen Augenblick ein bloßer Mensch! Die Frau aus dem Volke wußte nicht, was wir glauben, sie wußte nur um die Weisheit und Wunderkraft Jesu, nicht aber um seine Gottheit und die einzigartige durch Gottes Macht geschaffene Verwandtschaft in Maria. Kleutgen zitiert hierzu Thomas, der gelehrt habe, die Verwandtschaft der Gottesmutterschaft lasse Maria mehr Ehre zukommen als anderen Engeln und Menschen, darum Ehre wem Ehre gebührt!

Nun zeigt Kleutgen, wie belesen er in den Vätern ist, wo es hier darum geht, zu entfalten, was die Mutterwürde noch einschließt, nämlich die mögliche und wirklich gewordene Zärtlichkeit! Er zitiert Johannes Damaszenus: „O glückselige, deine Lippen drückst du auf die Lippen Gottes! Welch Demut ohne Beispiel: Gott gehorcht einer Frau, welch Hoheit ohne gleichen: eine Frau befiehlt einem, der Gott ist!“ und dann zitiert er, was Petrus Damiani wußte: „Die ganze Schöpfung schweigt und zittert in frommer Bewunderung und scheut aufzublicken zu der unermeßlichen Hoheit!“ Unverzichtbar erscheint ihm, und darin werden wir ihm recht geben, hier das Konzil von Ephesus anzuführen. Ausführ-

lich, ja spannend erzählt er von dem Marienjubel, der dort ausbrach und bald von Ort zu Ort erschallte und nie verhallt ist, denn die Kirche, die Säule der Wahrheit und Braut Christi legt uns das Lob Mariens in den Mund, weiß, sie erfüllt den Willen dessen, der Maria erhoben hat.
Im zweiten Teil dieser Predigt von der Mutterschaft Mariens, wo der Titel Mutter des Erlösers behandelt wird, steigert sich Kleutgen immer nachdrücklicher die Anerkennung dieser grundlegenden Wahrheit fordernd. Das Protoevangelium: Feindschaft zwischen dir und dem Weibe, dann die Weissagung des Isaias 7,14 müssen ernstgenommen werden. Mit Justinus, Irenäus, Epiphanius predigt er: Eva brachte den Tod, Maria das Leben. Maria war nicht nur Mutter des Reichsgründers und Herrschers, sondern bekam Anteil, reichlich Anteil an der Erlösung. Ist das zu menschlich geredet? Diese Objektion, seit Nestorius bis heute immer wieder vorgebracht, versetzt Kleutgen gleichsam in höchste Erregung und befähigt ihn zu einer wortgewaltigen Antwort: Die Ehrfurcht gegen Gott ermöglicht nicht nur, nein gebietet, die Bevorzugung Mariens anzuerkennen. Gott hätte seinen Sohn hingeben können ohne ihr Opfer, aber hätte sich das geziemt? oder hat er es denn getan? Nein, die Kinder des alles erneuernden 2. Adams, die Kinder der 2. Eva sind die vielen, die das Reich Gottes auf Erden ohne Unterlaß auf die freien Plätze der Engel hinaufschickt. Nein, nimmer weiche dein Lob aus dem Munde der Menschen, für welche du nicht geschont deines Lebens! Dieses Lob der Judith gebührt im vollen und nicht nur übertragenen Sinne Maria. Ohne Bedenken stimmt Kleutgen in das Lob des großen Cyrill ein: „Dir verdanken wir es, daß rings auf Erden die Hl. Dreifaltigkeit erkannt und verehrt, das Kreuz verkündet und angebetet wird!“
Kleutgen schließt mit dem kräftigen Wort des hl. Paulus: „Niemand verführe euch mit eitlem Gerede“ (Eph 5,6), als wenn die Verehrung Mariens mit der Ehrfurcht für Gott streite. Gott ehrt sie zuerst, also auch ihr!
Ich muß hier abbrechen, glaube aber den Beweis erbracht zu haben, daß Joseph Kleutgen ein echter Mariologe war, und meine dem Thema gerecht gewesen zu sein. Die mir diese Aufgabe gestellt haben, haben, darf ich es mal vermuten, diese vier Marienpredigten nicht gelesen und nicht davon gewußt. Wie sind sie auf Kleutgen nun gekommen?
Das habe ich zufällig herausgefunden, als ich die Werke von Kleutgen schon durchgemustert hatte. In Kapitel 8., dem Marienkapitel der Konzilskonstitution Lumen gentium, sind üblicherweise die Fundstellen für die Aussagen in den Fußnoten vermerkt, Namen der Kirchenväter, Kon-

zilien und Päpste, Thomas wird nicht zitiert, wohl aber Joseph Kleutgen. Ihm wird der erste Satz des 62. Artikels zugeschrieben, der da lautet:

> Diese Mutterschaft Mariens in der Gnadenökonomie dauert unaufhörlich fort, von der Zustimmung an, die sie bei der Verkündigung gläubig gab und unter dem Kreuz ohne Zögern festhielt, bis zur ewigen Vollendung aller Auserwählten. In den Himmel aufgenommen, hat sie diesen heilbringenden Auftrag nicht aufgegeben, sondern fährt durch ihre vielfältige Fürbitte fort, uns die Gaben des ewigen Heils zu erwirken.

In der Tat ist Kleutgen für diesen Text verantwortlich, nicht so sehr, weil er ihn konzipiert hat, als vielmehr weil er ihn stehen ließ und empfohlen hat. Beim 1. Vaticanum nämlich erhielt er den Auftrag, das Schema De mysterio Verbi incarnati umzuarbeiten; das geschah durch manche Änderungen der ihm anvertrauten Vorlage. Unseren Text nun fand er vor, er hat ihn nicht geändert, und hat ihn, wie er in längerer Relation ausführt, empfohlen als geeignet, das Vertrauen zur himmlischen Mutter zu festigen. Denn davon handelt ja dieser Satz: „In den Himmel aufgenommen ... vielfältige Fürbitte = multiplici intercessione mag als reichlich schwache Übersetzung angesehen werden. Das intercedere findet sich sonst nur im Hebräerbrief 9, 15. 16 morte intercedente ... mors necesse est intercedat testatoris, auf das Mittlertum Christi, auf daß die Berufenen das verheißene ewige Erbe erhalten. Der nächste Satz – nicht mehr von Kleutgen, aber von Leo XIII., Pius XI. und XII. – wiederholt und bekräftigt, was Mariens Tun im Himmel betrifft: „In ihrer mütterlichen Liebe trägt sie Sorge für die Brüder ihres Sohnes, die noch auf der Pilgerschaft sind und in Gefahren und Bedrängnissen weilen, bis sie zur seligen Heimat gelangen. Deshalb wird die selige Jungfrau in der Kirche unter dem Titel der Fürsprecherin, der Helferin, des Beistandes und der Mittlerin angerufen."
Der unserem Kleutgenzitat vorhergehende Satz hatte das Zustandekommen der multiplex intercessio beschrieben: „Indem sie Christus empfing, gebar und nährte, im Tempel dem Vater darstellte und mit ihrem am Kreuz sterbenden Sohn litt – compatiens –, hat sie beim Werk des Erlösers in durchaus einzigartiger Weise in Gehorsam, Glaube, Hoffnung und brennender Liebe mitgewirkt – cooperata est – zur Wiederherstellung des übernatürlichen Lebens der Seelen. Deshalb ist sie uns in der Ordnung der Gnade Mutter – in ordine gratiae (bei Kleutgen: in gratiae oeconomia maternitas Mariae indesinenter perdurat). Kleutgen hat also

im zweiten Vaticanum an hervorragender Stelle eine posthume Ehrung erfahren, die jedem Zweifel, ob er ein echter Mariologe sei, vorbeugt. Dennoch bin ich mit diesem Satz, so hochgeehrt er auch im 8. Kapitel von Lumen gentium, übernommen auch ins Brevier des Marienfestes vom 15. August, begegnet, nicht so sehr zufrieden, ich finde hier wohl Kleutgen den Lehrer, aber nicht den Prediger, und ich möchte Sie deshalb jetzt doch noch auf die vierte Marienpredigt hinweisen, über die Güte Mariens. Da hat er aus dem nüchternen Lehrsatz den heißen Aufruf Maria zu danken gemacht: „Denke an die himmlische Liebe Mariens, denn erst jetzt hat Maria vollkommen erfaßt, wer ihre Kinder sind, erfaßt den Wert des Blutes, da die verklärten fünf Wunden doch nicht aufgehört haben ihr Herz zu bewegen oder hätten erkalten lassen. Erst jetzt ist sie doch die wahre Hagar in der Wüste unseres Lebens geworden, die da ruft: ich kann das Kind nicht sterben sehen! Mit dem hl. Bernhard kann man nicht genug wiederholen: Respice stellam, voca Mariam!"

Literatur über Werke von Joseph Kleutgen und Abhandlungen darüber ausreichend bei Joseph Finkenzeller, Joseph Kleutgen (1811–1883), in: Heinrich Fries und Georg Schwaiger (Hg.), Katholische Theologen Deutschlands im 19. Jahrhundert, II, 318–344, München 1975.

DIE „SIEGBURGER MADONNA", EINE DARSTELLUNG DES HOHENLIEDES?

Im Jahre 1919 wurde bei Bauarbeiten, die für die Kirchenheizung vorgenommen wurden, eine zugemauerte Nische geöffnet, die aus gotischer Zeit an der Chorsüdseite nahe dem Vierungspfeiler lag; sie enthielt Trümmerreste einer Plastik aus feinkörnigem Kalkstein, die sich zu einer Marienfigur zusammensetzen ließen und die Entdecker, erfreut über ihre erlesene Schönheit, veranlaßten, sie „Siegburger Madonna" zu nennen. Das Original gelangte in das Kölner Schnütgenmuseum und nimmt dort heute den vornehmsten Platz ein, eine genaue Kopie beherrscht das kleine Museum im Turmgelaß der Abtei. Die Zerstörungen am Antlitz Mariens, das Fehlen des Jesusköpfchens und jeglicher Farbe lassen nicht zu, eine religiöse Verehrung wiederaufzunehmen, die ihr wahrscheinlich das 12. Jahrhundert hindurch erwiesen wurde. Noch erhaltene Schmutzspuren scheinen nämlich vom häufigen Anfassen seitens frommer Pilger herzurühren. Dann aber wäre das Relief nicht als Tympanon im Bogenfeld über dem Türsturz des Kircheneingangs angebracht gewesen, weil dem Pilger nicht erreichbar. Keine Schwierigkeit bereitet die Annahme, daß es das erste Annograb schmücken sollte, dem Steinsarg vorgesetzt, dessen Reste bei der Durchforschung des ersten Fußbodens der Kirche, was infolge der Zerstörung der Kirche im Zweiten Weltkrieg möglich war, immerhin ergaben, daß Abt Reginhard für Bischof Anno ein Grabmal von außerordentlicher Schönheit errichtet und an den unteren Mittelgang gesetzt hatte, womit der ausdrückliche Wunsch Annos, den seine Fürbitte anrufenden Pilgern nahe zu sein, erfüllt wurde. Als Nikolaus von Verdun Ende des 12. Jahrhunderts nach der Heiligsprechung den Annoschrein schuf, mochte die Steinplastik überflüssig erscheinen. Wann sie zerschlagen wurde und warum, sind offene Fragen, da keine Berichte darüber bisher auftauchten.

So sehr auch eine ganze Reihe von Kunsthistorikern die Fragen nach Sinn und Aufgabe dieses Reliefs behandelt und verschieden beantwortet hat, so einig sind sich alle in der Hochschätzung der künstlerischen Leistung.

Die Siegburger Madonna, Köln, Schnütgen-Museum

Wir brauchen nur das letzte Zeugnis zu zitieren, das den Superlativ herausstellt: „Die ästhetischen Qualitäten der Siegburger Madonna, ihre figurale Invention, ihre Formkultur und ihre Pretiosität und ihre zarte Modulierung, weisen dem vollendeten Kunstwerk den höchsten Stellenwert unter den zeitgenössischen Schöpfungen vom Porticus della gloria in Santiago da Compostella bis zum Stuckretabel im Erfurter Mariendom zu." (Anton Legner, in: Ornamenta Ecclesiae, Köln 1985, 2, 375). Dieses Zeugnis glänzt um so mehr, wenn sich ein besonders ansprechender Sinn finden läßt, der den Künstler inspirierte.
Zwei Eigentümlichkeiten am Annoschrein lassen einen Rückschluß auf unser Relief zu, das an der Stirnseite angebrachte Marienbild, dessen Umschrift in Email noch erhalten ist: „*Virgo salutaris pelagi quoque stella vocaris nos vice materna protege salvifica* = Ein Meerstern wirst genannt, eine Jungfrau der Jungfrauen, mit mütterlichem Aug tu auf uns Kinder schauen". Die Anrufung Mariens wird hier auf recht einfache Weise bezeugt. Sodann treten in den Zwickeln des Annoschreins die Apostel und Evangelisten zu Maria hinzu, auf dem anderen Giebelfeld zu Christus, der dort figürlich abgebildet war. Die Evangelisten, von denen ja zwei Apostel sind, werden nur durch ihre Symbole dargestellt; bei der Siegburger Madonna sind Löwe und Stier angefügt, Symbole für Markus und Lukas, an die Mandorla, die Maria einrahmt. Ob Adler und Engel oberhalb oder daneben als Symbole für Johannes und Matthäus angebracht waren, kann nur vermutet werden. Anton Legner äußerte sich (ebd.): „Die Siegburger Madonna ist eine Reliefikone, die von einer Art konkaver Mandorla hinterlegt ist. Es scheint, als bildete diese Rückfläche zusammen mit dem palmettenverzierten Sockel einen Thron, auf dessen Sitz, vor der Rücklehne, das plastische Halbfigurenbild einer Ikone byzantinischen Typs aufgestellt ist" und fragt schließlich: „Sollte sich das Ikon der Muttergottes als inthronisiertes Marienbild verstehen?"
Dem Thron entspricht die Krone, die mitgemeißelt war, also nicht wie bei anderen gekrönten Marienfiguren später aufgesetzt ist. Von vornherein erscheint Maria als Königin oder sogar gemäß der Form der Krone als Kaiserin. Gehört unser Bild also zu den ersten Zeugen der damals einsetzenden Huldigung an Maria als Königin? Damals entstanden die marianischen Antiphonen, die wie selbstverständlich Maria mit „Königin" titulieren: *Salve regina... Ave regina caelorum... Regina caeli laetare!* Lieder, die von keiner liturgischen Neuerungssucht abgeschafft werden können. Gewiß spricht die Bibel nicht wörtlich von der Königin Maria, aber unschwer ist dies abzuleiten: „Seines Reiches wird kein Ende

sein" (Lk 1, 33) und „Du sagst es", sprach Jesus zu Pilatus, „ich bin ein König" (Jo 18, 37); was aber für Jesus gilt, gilt ähnlich für seine Mutter. Kein Wunder, wenn schon die Kirchenväter und Theologen seit Hieronymus und Ambrosius bis zu Rupert von Deutz und Salmeron das Hohelied des Alten Testamentes auf Maria bezogen und ausgelegt haben, wie etwa Bonaventura den 11. Vers des 3. Kapitels: „Schreitet hinaus, Töchter Sions, und seht Salomon, den König, in seiner Herrscherkrone, womit ihn seine Mutter geschmückt hat" auf Christus und Maria anwendet: „Die Herrscherkrone ist nichts anderes als die Menschheit Christi ... Es ist ausdrücklich die Rede, daß seine Mutter ihn krönt, da ja der Vater ihn krönte mit der Herrscherkrone des ewigen Reiches, die jungfräuliche Mutter aber ihn mit der Herrscherkrone des zeitlichen Reiches; dieses Reich ist nämlich sein sterbliches, verehrungswürdiges Fleisch" (zitiert von P. Sträter, Marienkunde 2, 321, Paderborn 1947). Arthur Vermeersch fügt hinzu: „Maria kommen also alle Ehren zu, die man einer Königinmutter erweisen muß. Als Mutter des ewigen Königs ist sie in einem wahren Sinn des Wortes selber Königin" (Ein Muttergottesbuch, Innsbruck 1958, 2, 86. Trotz der augenblicklichen weltweiten Abwertung von Königtum und Königskrone wird die Kirche nicht die zwölf Königin-Titel der Lauretanischen Litanei abschaffen und vergessen, da sie oft Kronen geweiht hat. Man möge bei Reinhold Schneider über die Hoheit und Würde der Krone nachlesen. Und wenn es erlaubt ist, Kleines mit Größerem zu vergleichen, dann sei an die Reichskrone in der Schatzkammer der Wiener Hofburg erinnert, deren würdige Aufstellung geschwätzige Touristen zum Schweigen bringt.

Seit Egid Beitz, dem ersten Erforscher der Siegburger Madonna (vgl. die Literatur bei Legner a. a. O.), werden die Akanthusblätter am Fries des Siegburger Reliefs sinnbezogen auf das Hohelied: Maria ist der verschlossene Garten, die versiegelte Quelle, und deshalb die neue Eva im neuen Paradies. Die Muttergottes hält gewöhnlich in einer Hand eine Lilie oder daraus umgebildet ein Zepter oder den Reichsapfel oder läßt eine Hand auf der Brust ruhen – Zeichen der Hilfsbereitschaft –, während sie mit der andern Hand das Kind hält oder auch mit beiden Händen es umfaßt. Die Siegburger Madonna aber hält in zarten schlanken Fingern einen kugelähnlichen Gegenstand empor. Das ist kein Reichsapfel, sondern eine Frucht, der Granatapfel des Hohenliedes: „Dein Garten ist ein Paradies von Granatäpfeln". Das Jesuskind hingegen erhebt nicht die Hand zum Segen über die Beter, sondern hält in der Linken die Schriftrolle, und streckt die Rechte flach zur Muttergottes empor; das ist das

Motiv der Rede oder der Verzückung. Beitz beruft sich auf den in Siegburg entstandenen marianischen Kommentar zum Hohenlied des Abtes Rupert von Deutz und bildet das Gespräch nach, das hier zwischen Jesus und seiner Mutter dargestellt sei: „Ein verschlossener Garten ist meine Schwester Braut, ein verschlossener Garten, eine versiegelte Quelle". Ihre Antwort gibt Maria, mit der Hand die Frucht erhebend: „Wie mein Geliebter zu mir spricht, so ist es. Ich bin der Garten, ich die Quelle der Gärten, ich der versiegelte Quell, ich seine Gnade, der Brunnen lebendiger Wasser und meine Ströme das Paradies der Granatapfelbäume. Nicht wie Eva ihren Mann einlud, lade ich meinen Geliebten. Jene lud ihren Mann ein, den Apfel zu essen, der nicht sein war, eine fremde Frucht, eine verbotene Frucht. Ich lade meinen Geliebten ein in seinen Garten, mitzuessen die Frucht der Apfelbäume, nicht fremder, sondern seiner Apfelbäume Frucht, die er meint mit den Worten: Meine Speise ist es, daß ich den Willen meines Vaters tue."
Ein solches Gespräch erscheint nicht ungewöhnlich, wenn die häufige Einfügung von Hoheliedtexten in das Stundengebet der Kirche beachtet wird. Aus den nur acht Kapiteln sind 45 Stellen 95mal im Lauf des Kirchenjahres als Antiphonen, Responsorien, Lesungen genommen worden, davon nur 23mal an Nicht-Marienfesten (vgl. B. Schäfer, Das hohe Lied, Münster 1876, 253ff.). Die Anfänge einiger Stellen seien hier in Erinnerung gerufen: „Wie ausgesprengtes Öl dein Name" – „Zieh mich zu dir!" – „Voll Wonne der Duft deiner Salben" – „Der König führte mich ein" – „Ich bin gebräunt, doch lieblich" – „Wie schön bist du" – „Lilie unter den Dornen" – „Du erquickst mich mit Blumen" – „Meine Linke unter deinem Haupte" – „Steh auf, eile meine Freundin!" – „Mein Geliebter ist mein" – „Wer ist diese, so aus der Wüste heraufsteigt" – „Ganz schön bis du, meine Freundin!" – „Komm vom Libanon, meine Braut!" – „Ein verschlossener Garten bis du, meine Schwester" – „Ich schlafe, aber mein Herz wacht" – „Wohin ist dein Geliebter gegangen, o schönste der Frauen?" – „Wer ist die, die wie die aufsteigende Morgenröte hervorkommt, schön wie der Mond, auserkoren wie die Sonne, furchtbar wie ein geordnetes Heerlager?" – „O, wenn mir jemand dich zu meinem Bruder gäbe" – „Setz mich wie ein Siegel auf dein Herz" – „Viele Wasser vermögen die Liebe nicht zu löschen". Weil das Gesetz des Glaubens und des Betens übereinstimmen müssen – lex orandi et credendi, darf der Gedanke an eine tausendjährige irrtümliche Verwendung überhaupt nicht auftauchen, meint Bernhard Schäfer (ebd.).

Wenn gefragt wird, warum gerade in Siegburg ein solches Marienbild entstand, das vom Hohenlied seinen hochgeistigen Sinn erhielt, so darf mit gewissem Recht auf die mariologische Lehre des Rupert von Deutz hingewiesen werden. Er hatte dem Siegburger Abt Kuno sein umfangreiches Werk *De Trinitate et operibus eius*, einen Bibelkommentar, gewidmet; Kuno regte einen näher ausführlichen und auf Maria bezogenen Kommentar zum Hohenlied an. Die meisten Theologen der Zeit sahen im Hohenlied eher den Bezug auf die Kirche als Braut Christi. Um so höher ist Ruperts Leistung zu bewerten, als er in dieser Schrift nicht so sehr eine Prophetie auf die Kirche oder auf einzelne gläubige Menschen sah, sondern auf Maria, die Prophetin und Lehrerin und Mutter der Kirche. Das beweist nicht nur eine große Vertrautheit mit dem geistigen Sinn der Hl. Schrift, sondern auch eine außergewöhnliche persönliche Marienfrömmigkeit. Nur wenige Sätze der Einleitung seien hier übersetzt wiedergegeben: „... so gut ich konnte, habe ich diktiert, was ich betrachtete am Antlitz unserer Herrin Maria, der heiligen und immerwährenden Jungfrau ... O Herrin, gerüstet nicht mit meinen sondern deinen Verdiensten ... ich darf hier sprechen im Angesicht der Königin des Himmels ... ich erinnerte mich deines Versprechens, ich sah und hörte: du wirst mit der heiligsten Dreifaltigkeit Ostern feiern. Ich sprach aber mit dir, ohne zu wissen, daß du es warst; du selbst hast dich gezeigt als Mutter der Barmherzigkeit, mit leuchtenden Augen voller Gnade" (ediert in Corpus Christianorum, contin. med. 26, Turhout 1974, S. 4. 6. 7). An den Schluß setzte Rupert ein Gebet: „O selige Maria ... du Heilige der Heiligen ... zu dir vor allem wenden wir uns, zu dir erheben wir zuerst unsere Augen, nach deiner Hilfe seufzen wir mehr als nach allem anderen. Durch das heilige Sakrament deines Schoßes und durch das Schwert, das deine Seele durchdrang, erreiche, daß wir das Licht sehen, das die ewigen Berge erleuchtet auf dem Weg (= HL 8, 14 „auf duftenden Bergen) zur Dreifaltigkeit!" (ebd. S. 171). Solche Texte erscheinen durchaus deutlich und imstande, Künstler und Auftraggeber zu inspirieren.

Eine Unterbringung im Museum läßt leider nicht die ganze Kraft einer solchen Ikone erneuern, so dankbar wir es empfinden, daß diese Unterbringung das Werk gerettet und beschützt hat. Eine Gedankenverbindung zu den Problemen der Bilderverehrung und zum Bildersturm, die das 7. ökumenische Konzil von Nizäa im Jahre 787 – dieses Jubiläums ist hier und da in diesem Jahr gedacht worden – gelöst und gutenteils beendet hat, mag sich aufdrängen. Zum Unterschied von anderen profanen

oder heidnisch behandelten Kunstwerken, die dem Götzendienst huldigten, muß an dem höheren Wert der Ikonen festgehalten werden. Diese sind nicht im 2. Gebot verboten wie die Götzenbilder, sondern künden, daß das Alte vergangen, siehe, das Neue geworden ist, wie damals Johannes von Damaskus lehrte. Oder von Basilius lernen wir: „Wie das Wort durch Hören, so wirkt die Malerei schweigend im Bild", oder wir hören das noch deutlichere Wort des Theodor Studites, eines tapferen Vorkämpfers der Bilderverehrung: „Wenn wir Christi Leib essen und dessen lebenspendendes Blut trinken, wieso sollen wir ihn dann nicht gemalt zeigen, dessen Leib doch auch darstellbar ist? Er hat die uns entsprechende Wesenheit angezogen, ist also darstellbar!" Und wir stimmen der strengen Äußerung seines Mitstreiters Nikephoros zu, der erklärte: „Ikonen sind Bilder von Seiendem, Idole Bilder von Nichtseiendem, sind nur gemeine Materie, die nicht geweiht wird wie Ikonen, mit Gebeten, die den Hl. Geist anrufen, damit die Bilder den Glauben lehren, den Willen zur Nachfolge bis in den Himmel stärken und das Gemüt trösten." Hilfreich mag sich heute noch dieses Konzil in seinen Definitionen erweisen: „Wie das Zeichen des kostbaren und lebenspendenden Kreuzes, so sind auch die ehrwürdigen und heiligen Bilder (zur Verehrung) auszusetzen, sowohl das Bild unseres Herrn und göttlichen Erlösers Jesus Christus, wie unserer unbefleckten Herrin, der heiligen Gottesgebärerin", und in derselben Sitzung: „Wir ehren und grüßen das Menschenbild unseres großen Gottes und Erlösers Jesus Christus und unserer unbefleckten Herrin, der heiligsten Gottesgebärerin". Der Titel „Herrin" wird so klar und unmittelbar neben dem Titel „Unser Herr Jesus Christus" gebraucht, daß der Inhalt als unzweifelhaft feststehend anzusehen ist (P. Sträter a. a. O. S. 324).
Dem Künstler im 12. Jahrhundert lag diese Problematik sicherlich ganz fern, er sorgte sich gewiß nicht, daß man sein Werk als Bild einer Göttin ablehnen könnte. Nur seine gläubige Kraft gestaltete dieses Marienantlitz mit den hohen Bögen der Brauen, den großen geradeaus schauenden, alle sich ihm nahenden Pilger überschauenden Augen, mit der äußerst konzentrierten Sprache der Gesten. Er wußte um diese Persönlichkeit, das vornehmste Glied der Kirche, und deren Vorbild. Denn wie Maria den Gottmenschen geboren und ihn der Kirche geschenkt hat, so bringt auch die Kirche den Gottmenschen leiblich hervor in der hl. Messe und gibt ihn mit seiner Gnadenfülle in der hl. Kommunion den Gläubigen. Möge es uns gelingen, die Reliefikone der „Siegburger Madonna" zum sprechen zu bringen, auch wenn sie im Museum steht, nämlich zu uns zu

sprechen, fortsetzend die Rede zu ihrem Sohn, die wir oben gelesen haben. Wir entdeckten folgende schöne Vorlage:

„Ihr mögt mich schön nennen, obwohl vieles von meiner ursprünglichen Gestalt verloren ging. Ihr wißt weder den Künstler, der mich aus dem Stein herausschlug, noch die Bestimmung, wozu ich in der Abteikirche diente. Wenn die Mönche im Officium sangen: „*Salve regina* – sei gegrüßt, o Königin", war ich anwesend, ich ließ mich nicht vergeblich grüßen und rufen. So hat auch der gläubige und fromme Steinmetz mich gerufen, mich in den Stein wie eine Choralmelodie hineingesungen... Gegenwärtig war ich, die Mutter der Gnade, die Trösterin der Betrübten. Mein Trost war nicht süß oder schmeichelhaft, er straffte alle Regungen im Menschen zusammen, mein Bild war in ihnen stärker als alles Schwanken und Zagen. Sie lernten von mir das Kind zu empfangen als sicheres Zeichen der Hoffnung und Verklärung" (Salome Solf, in Gabriel Busch (Hg.), Trost der Bilder, Siegburg 1981, S. 46).

Kann man die „Siegburger Madonna" Gnadenbild nennen? wie etwa „Unsere Liebe Frau von Merklinghausen", Gnadenbild in der Wallfahrtskirche zu Hallenberg im Hochsauerland, ehemals Deutzer Besitz – der Abt Rupert von Deutz ließ wahrscheinlich diese thronende Madonna aufstellen, die noch heute von vielen Einzelpilgern das Jahr hindurch und im Sommer gruppenweise zur Wallfahrtswoche aufgesucht wird? Aus gleicher Zeit stammt auch das Gnadenbild von Werl. Nun will die Siegburger Madonna keinem Ort seinen Vorrang streitig machen, darf aber wohl in Anspruch nehmen über den hohen Rang des Kunstwerks hinaus dem Künstler und seinen Gesellen, dem Abt und seinem Konvent und den vielen unbekannten Pilgern lange Zeit hindurch auf deren vertrauensvolle Gebete eine erhörende Antwort gegeben zu haben, zumal die *lex orandi,* d.h. die Verehrung die immer neu auftauchenden Probleme der Mariologie am leichtesten löst angesichts der Gottesmutter, nicht einer Göttin, der neuen Eva, nicht der Mutter der verbannten Kinder, sondern der Gehilfin, Mittlerin und Mitregentin des neuen Adams, des Meersterns, der den Verirrten den rechten Weg zeigt, ob direkt oder indirekt.

REGISTER

1. Namen aus der Vorzeit

2. Namen aus der neueren Zeit

SIEGBURGER STUDIEN

bisher erschienen:

I **Gabe zum silbernen Abtsjubiläum von Abt Ildefons Schulte Strathaus.**
136 Seiten, 12 Bildtafeln. 1960. Broschiert DM 10,50.

Inhalt: Wunibald Weber OSB, Strathaus.
Jakob Torsy, Die drei letzten Abtswahlen in der alten Abtei Siegburg.
Wilhelm Bers, Der letzte Abt von Siegburg bei der Aufhebung der Abtei im Jahre 1803.
Placidus Mittler OSB, Zwei Handschriften mit dem Offizium zu Ehren des hl. Erzbischofs Anno v. Köln.
Rhaban Haacke OSB, Die weite Verbreitung der Schriften eines Siegburger Mönches: Rupert von Deutz.
Mauritius Mittler OSB, Zur Geschichte der Abteibibliothek in Siegburg.

II **Placidus Mittler OSB, Melodieuntersuchungen zu den dorischen Hymnen der lateinischen Liturgie im Mittelalter.**
146 Seiten mit zahlreichen Notenbeispielen. 1965. Broschiert DM 12,–.

III–V **Libellus de translatione sancti Annonis archiepiscopi et miracula sancti Annonis - Bericht über die Translation des heiligen Erzbischofs Anno und Annonische Mirakelberichte (Siegburger Mirakelbuch).**

Mit Beiträgen von Hans-Rudolf Fehlmann und Wolfgang Löhr herausgegeben von Mauritius Mittler.
Das Siegburger Mirakelbuch erschien in drei Faszikeln, die so eingerichtet sind, daß sie zu einem Band vereinigt werden können:

III Bericht über die Translation des heiligen Erzbischofs Anno und Annonische Mirakelberichte, Buch I und II.
150 Seiten. 1966. Broschiert DM 12,–.

IV Annonische Mirakelberichte, Buch III, IV, Nachtrag und Sondergut aus der Siegburger Handschrift des Zolner v. Bandt von 1744.
154 Seiten. 1967. Broschiert DM 12,–.

V Einleitung zum Siegburger Mirakelbuch; Wolfgang Löhr, Paläographische Untersuchung der Düsseldorfer Handschrift der Miracula Annonis; Hans Rudolf Fehlmann, Heilkundliche Kasuistik im Siegburger Mirakelbuch; mehrere Register.

158 Seiten, 2 Karten u. 13 Abb. auf 8 Tafeln. 1968. Broschiert DM 12,–.

VI/VII **Das Bödinger Memorienbuch.** Nach den Vorarbeiten von Dr. Joseph Walterscheid †, herausgegeben von Mauritius Mittler OSB.

404 Seiten Text, 1 Karte und 10 Abb. auf 8 Tafeln. 1971.
Broschiert DM 34,–, in Ganzleinen gebunden DM 38,50.

VIII **Mauritius Mittler OSB, Studien zur Geschichte der Siegburger Abteibibliothek, mit einem Beitrag von Joachim Vennebusch.**

XII und 140 S., 35 Abb. auf Tafeln, Karte und 15 Fig. im Text. 1974.
Broschiert DM 18,–.

Inhalt: Nachrichten zum Bestand der Siegburger Abteibibliothek in der ersten Hälfte des 16. Jahrhunderts aus einer Wiener Handschrift.
Siegburger Fragmente aus Handschriften des 13. und 14. Jahrhunderts (Vennebusch).
Zwei Fragmente liturgischer Handschriften der Abtei Siegburg aus dem 13. bzw. 14./15. Jahrhundert.
Siegburger Choralhandschriften aus dem 18. Jahrhundert.

IX **Rhaban Haacke OSB, Programme zur bildenden Kunst in den Schriften Ruperts von Deutz.**

66 Seiten, 24 Bildtafeln. 1974. Broschiert DM 12,–.

X **Vita Annonis minor – Die jüngere Annovita**
Lateinisch – deutsch

Herausgegeben von Mauritius Mittler.

XXXV Seiten Einleitung, 8 Abb., 226 S. Text und Register. 1975.
Broschiert DM 48,–.

XI **Beiträge zur Geschichte der Abtei Siegburg.**
Herausgegeben von Mauritius Mittler.
VIII u. 132 S., 22 Abb. 1977. Broschiert DM 24,50.

Inhalt: Kurt Niederau, Siegburger Konventualen. Anmerkungen, Ergänzungen und Berichtigungen zum Band „Siegburg“ der „Germania Sacra“.
Mauritius Mittler, Bücher der alten Abtei Siegburg.
Bilder der alten Abtei Siegburg.
Irmingard Achter, Das Bildnis des Siegburger Abtes Johann Speyart in Kaiserswerth.
Mauritius Mittler, Fragmente von zwei Siegburger Handschriften.
Norbert Eickermann, Erzbischof Anno II. von Köln als Dichter.

XII Das Siegburger Lektionar.
Herausgegeben von Mauritius Mittler.
XXVI und 140 S., 5 Abb. auf Tafeln, 12 Farbbilder im Text. 1979.
Broschiert DM 32,50.

XIII Mauritius Mittler OSB, Untersuchungen zur Siegburger Liturgie I.
XVI u. 142 S. 1981. Broschiert DM 28,80.
Inhalt: Der Siegburger Festkalender um 1200.
Die Siegburger Psalterien von Nancy und Wien.
Der Siegburger Reliquienschatz.

XIV Museum der Abtei Siegburg, Katalog.
Unter Mitarbeit von Irmingard Achter, Norbert Kühn und Placidus Mittler herausgegeben von Mauritius Mittler.
124 S., 31 Abb. auf 16 Tafeln. 1983. Broschiert DM 10,–.
Vollständiger Führer durch das am 22. April 1983 eröffnete Abteimuseum mit folgenden Artikeln:
Zur Entstehungsgeschichte und Konzeption des Abteimuseums in Siegburg (N. Kühn).
Gründung: Anno, Zeittafel zur Geschichte Siegburgs, Siegburger Äbte.
Besitz: Die Propsteien, Siegburger Reformbewegung.
Geistiges Leben: Rupert von Deutz.
Neubeginn, Zerstörung, Wiederaufbau.
Bauplastik und Skulpturenfragmente (I. Achter u. N. Kühn).
Siegburger Madonna.
Siegburger Bücher: Handschriften, Schablonenschriften, Drucke.
Kurzer musikgeschichtlicher Überblick (P. Mittler).
Siegburger Siegel.

XV Mauritius Mittler OSB, Untersuchungen zur Siegburger Liturgie II,
Weihnachtsfestkreis (Weihnachtsvigil bis Mariä Lichtmeß).
XIV u. 120 S. 1984. Broschiert DM 28,80.

XVI Siegburger Vorträge zum Annojahr 1983.
Herausgegeben von Mauritius Mittler OSB.
X u. 114 S. 1984. Broschiert DM 12,–.
Inhalt: Rudolf Schieffer, Erzbischof Anno von Köln zwischen König und Papst.
Salome Solf, Das Annolied.
Mauritius Mittler, Annos Heiligsprechung und Verehrung.
Toni Diederich, Erzbischof Anno als Stadtherr von Köln.
Heinz Kurth, Das Hochstift Bamberg.

Am 29. April 1983 waren es 800 Jahre her, daß der Gründer der Abtei Siegburg, Erzbischof Anno II. von Köln, in der Siegburger Abteikirche von zwei päpstlichen Legaten heiliggesprochen wurde. Dies war für Stadt und Abtei Siegburg Anlaß, im Verlauf des Jahres 1983 in vielfältiger Weise zu gedenken. Die in diesem Heft veröffentlichten Vorträge wurden in Zusammenarbeit mit dem Geschichts- und Altertumsverein für Siegburg und den Rhein-Sieg-Kreis von der Rhein-Sieg-Volkshochschule veranstaltet.

XVII Maria Lodovica Arduini, Neue Studien über Rupert von Deutz.

XVIII, 188 S. 1985. Broschiert DM 32,80.

Sieben Beiträge sind gleichsam sieben Wege, die sorgfältig in die Probleme der Geisteskämpfe an der Wende zum 12. Jahrhundert einführen und die große Bedeutung Ruperts als Vorläufers des hl. Bernhard erkennen lassen: Begegnung mit der Frühscholastik der Schule von Laon und Abälard - die Inquisition in Lüttich - Kommentar zur Benediktsregel - Analogie zum Liber Quare - die Jungkluniazenser in Lüttich - Mönche als Nachfolger der Apostel - Gespräch mit den Juden seiner Zeit.
Beigegeben ein Verzeichnis der Werke Ruperts und ein Namensregister.

XVIII Mauritius Mittler OSB, I. Angestellte der Abtei Siegburg 1650–1803; II. Das Bruderschaftsbuch der Jesus-Maria-Joseph-Bruderschaft von St. Servatius in Siegburg 1747–1843.

X u. 198 S., 1986. Broschiert DM 32,50.

I. In alphabetischer Reihenfolge werden alle Angestellten der Abtei aufgeführt, die in den Standesbüchern von St. Servatius in Siegburg genannt werden. Näher eingegangen wird auf die abteilichen Chirurgen Brunner und in einem eigenen Exkurs auf die Künstler, Maler und Bildhauer, die für die Abtei arbeiteten.

II. Erstmals wird hier der volle Text einer Quelle veröffentlicht, die in dem Achivverzeichnis von 1964 des Pfarrarchivs St. Servatius nicht aufgeführt ist. Die Angaben zur Person sind meist sehr knapp. Dennoch handelt es sich um eine Quelle, die für die Erforschung der Siegburger Stadtgeschichte von Bedeutung ist.
Beide Teile werden durch umfangreiche Register erschlossen.

XIX/XX Mauritius Mittler OSB, Taufbuch der Pfarre St. Servatius Siegburg 1794–1815

X u. 392 Seiten, 1988. Broschiert DM 59,50.

Außer dem vollständigen lateinischen Text des Taufbuches sind alle wichtigen Ereignisse und Personen in chronologischer Reihenfolge ausgezogen. Es werden die Artikel der Siegburger Heimatblätter zitiert und die Abschnitte aus Heinekamps „Siegburgs Vergangenheit und Gegenwart“ im Faksimiledruck geboten, die über diese sogenannte Franzosenzeit berichten. Ausführliche Register erschließen diese Quelle. Ein kleines Glossar ermöglicht die Benutzung auch dem Familien- und Heimatforscher, der des Lateins nicht mächtig ist.